Erwin Schulze

Verzeichnis der Fische der Stromgebiete der Donau, des Rheines, der Ems, Weser, Elbe, Oder, Weichsel, des Pregels und der Memel

Erwin Schulze

Verzeichnis der Fische der Stromgebiete der Donau, des Rheines, der Ems, Weser, Elbe, Oder, Weichsel, des Pregels und der Memel

ISBN/EAN: 9783743346659

Hergestellt in Europa, USA, Kanada, Australien, Japan

Cover: Foto ©ninafisch / pixelio.de

Manufactured and distributed by brebook publishing software (www.brebook.com)

Erwin Schulze

Verzeichnis der Fische der Stromgebiete der Donau, des Rheines, der Ems, Weser, Elbe, Oder, Weichsel, des Pregels und der Memel

FAUNA PISCIUM GERMANIAE.

Verzeichnis der Fische

der

Stromgebiete der Donau, des Rheines, der Ems, Weser, Elbe, Oder, Weichsel, des Pregels und der Memel.

VON

ERWIN SCHULZE, PH. D.

IN QUEDLINBURG.

ZWEITE AUFLAGE.

MIT 49 ABBILDUNGEN.

KÖNIGSBERG.

HARTUNGSCHE VERLAGSDRUCKEREI.

1892.

INHALT.

Vorwort 5*.
Schriftenverzeichnis 7*—23*.
Hauptwerke 7*. Schriften über die Fische Mitteleuropas 8*. Schriften über Fische einzelner Stromgebiete: 1. Donaugebiet 9*. 2. Rheingebiet 12*. 3. Emsgebiet 16*. 4. Wesergebiet 17*. 5. Elbgebiet, Schleswig, Holstein, Mecklenburg 19*. 6. Odergebiet, Pommern 22*. 7. Weichsel, Pregel, Memel 23*.
Erklärung der Abkürzungen 24*.
Aufzählung der Arten 1—90.

 1. O. **CYCLOSTOMI** 1.
  1. F. PETROMYZONTIDAE 1.
   1. G. PETROMYZON A. 1.
 2. O. **GANOIDES** 5.
  2. F. ACIPESIDAE 5.
   1. G. ACIPENSER A. 5.
 3. O. **TELEOSTEI** 7.
  1. C. **PHYSOSTOMI** 7.
   3. F. MURAENIDAE 7.
    1. G. ANGUILLA C. 7.
   4. F. CLUPEIDAE 10.
    1. G. CLUPEA A. 10.
   5. F. SALMONIDAE 12.
    1. G. THYMALLUS C. 12.
    2. G. COREGONUS A. 14.
    3. G. OSMERUS A. 19.
    4. G. SALMO A. 21.
   6. F. ESOCIDAE 28.
    1. G. ESOX A. 28.
   7. F. CYPRINIDAE 30.
    1. G. COBITIS A. 30.
    2. G. PELECYS Ag. 31.
    3. G. LEUCASPIUS H. 35.
    4. G. ALBURNUS H. 36.
    5. G. ASPIUS Ag. 39.
    6. G. ABRAMIS C. 41.

          7. G. RHODEUS Ag. 48.
          8. G. CHONDROSTOMUS Ag. 50.
          9. G. TINCA C. 52.
         10. G. LEUCISCUS Kl. 54.
         11. G. GOBIO C. 65.
         12. G. BARBUS C. 67.
         13. G. CYPRINUS A. 69.
     8. F. **SILURIDAE** 72.
         1. G. SILURUS A. 72.
2. C. **ANACANTHI** 74.
     9. F. **PLEURONECTIDAE** 74.
         1. G. PLEURONECTES A. 74.
    10. F. **GADIDAE** 77.
         1. G. LOTA C. 77.
3. C. **ACANTHOPTERI** 79.
    11. F. **GASTROSTEIDAE** 79.
         1. G. GASTROSTEUS A. 79.
    12. F. **COTTIDAE** 82.
         1. G. COTTUS A. 82.
    13. F. **PERCIDAE** 84.
         1. G. PERCA A. 84.

VORWORT.

Die vorliegende Schrift soll eine Übersicht der in den süssen Gewässern Deutschlands vorkommenden Fische geben. Von den Fischen des Donaugebietes sind daher nur die in dessen oberem Teile vorkommenden Arten aufgenommen.

Die einzelnen Arten sind systematisch charakterisirt und kurz beschrieben. In den ichthyographischen Formeln, die als wesentlicher Bestandteil zur systematischen Charakteristik gehören, sind für die einzelnen Arten angegeben: die Zahl der Strahlen in den Kiemenhäuten und in den einzelnen Flossen, die Zahl der Schuppen in der Seitenlinie und die Zahl der Schuppenreihen über und unter der Seitenlinie an der höchsten Stelle des Leibes, und bei den Cypriniden die Zahl und Anordnung der Schlundzähne. Es bedeutet z. B. die Formel für Cyprinus carpio L.: die Kiemenhaut hat drei Strahlen; die Rückenflosse 17—22 in der Flossenhaut liegende geteilte Strahlen, davor 3—4 ungeteilte Stützstrahlen; die Brustflosse 15—16 geteilte, davor 1 ungeteilten Strahl; die Bauchflosse 8—9 geteilte, davor 2 ungeteilte Strahlen; die Afterflosse 5 geteilte, davor 3 ungeteilte Strahlen; die Schwanzflosse 17—19 Strahlen; die Seitenlinie hat 35—39 Schuppen, darüber liegen 5—6, darunter 5—6 Schuppenreihen; die Schlundzähne stehen beiderseits in drei Reihen: in der inneren 3, in den beiden äusseren je 1 Zahn.

Bei jeder Art sind die wichtigeren Synonyma angegeben und die Hauptwerke über die Fische Deutschlands angezogen, so dass dies Buch einen Index zu den Werken von Bloch, Meidinger, Günther, Heckel und Kner, Siebold, Benecke bildet.

Die Schriften über die Fischfauna Deutschlands sind in einem nach Flussgebieten geordneten Verzeichnisse zusammengestellt.

In dieser zweiten Auflage hat die vorliegende Schrift, die zuerst in dem Jahrbuche des naturwissenschaftlichen Vereines zu Magdeburg für 1889 erschienen ist, folgende Veränderungen erfahren.

VORWORT.

Die Nachweise der Litteratur über die Faunen der Stromgebiete Deutschlands sind vervollständigt worden.

Bei denjenigen Fischarten, die in Nord- und Süddeutschland verschieden benannt werden, sind beiderlei Benennungen angegeben.

Bei den einzelnen Arten ist Artedis ichthyologia, als das Grundwerk der systematischen Fischkunde, Kleins historia piscium naturalis, als ein Werk, das für die Geschichte der Kenntnis der Fische von Wichtigkeit ist, und Günthers catalogue of the fishes, als das neueste Hauptwerk über die Fische, angeführt. Ferner ist für solche Leser, die an der ästhetisirenden Darstellung der Naturgeschichte, wie sie in der zweiten Hälfte des achtzehnten Jahrhunderts durch Buffon in Übung gekommen ist, Gefallen finden, Lacepèdes histoire naturelle des poissons citirt.

In die Zahl der beschriebenen Arten sind COREGONUS *generosus* Pt., BARBUS *petenyi* H. und PERCA *volgensis* P. aufgenommen.

Bei den Schmarotzern ist die Ordnung, der sie angehören, und ihr Aufenthaltsort in oder an dem Fischleibe angegeben.

Ausserdem sind einige wichtigere Synonyma hinzugefügt und einzelne Verbesserungen und Zusätze in den Beschreibungen und in den Angaben über die Verbreitung der Arten angebracht.

Eine wesentliche Bereicherung hat das Buch durch die trefflichen Abbildungen erhalten, die H. Braune für das im Jahre 1881 im gleichen Verlage erschienene ausgezeichnete Werk „Fische, Fischerei und Fischzucht in Ost- und Westpreussen" von B. Benecke gezeichnet hat.

Die Angaben über die in und an den einzelnen Fischarten, schmarotzenden Würmer sind bis auf wenige Ausnahmen dem Compendium der Helminthologie von O. v. Linstow (2 Bde., Hannover, 1878 u. 1889) entnommen.

SCHRIFTENVERZEICHNIS.

Hauptwerke über Fische.

1553. **Belloni, P.**, De aquatilibus libri duo. Parisiis. 12^0 transv.
1554. 1555 **Rondelet, G.**, Libri de piscibus marinis et aquatilibus, in quibus verae effigies exprimuntur. 2 partes. Cum figuris ligno incisis. Lugduni. 2^0.
1560. **Gesner, K**, Icones aquatilium animantium. Tiguri.
1575. **Gesner, K.**, Vollkommenes Tierbuch. Zürich.
1604. **Gesner, K.**, Historiae animalium liber 4. qui est de piscium et aquatilium animantium natura. Francofurti.
1646. **Aldrovandus, U.**, De piscibus. Bononiae. 2^0.
1650. **Jonston, J.**, Historia naturalis de piscibus et cetis. Cum aeneis figuris. Francofurti ad Moenum. 2^0.
1686. **Willughby, F.**, De historia piscium libri 4. Totum opus recognovit coaptavit supplevit J. Ray. Cum 187 t. Oxonii. 2^0.
1713. **Ray, J.**, Synopsis methodica avium et piscium; opus postumum cum appendice. Cum 3 t. aeneis. Londini. 8^0.
1738. **Artedi, P.**, Ichthyologia. Ed. Linné. 5 partes. Lugduni Bat. 8^0.
1740—1749. **Klein, J. Th**, Historiae piscium naturalis missus 1—5. Gedani. 4^0.
1766. **Linné, K.**, Systema naturae. Ed. 12. Holmiae. 8^0.
1782—1795. **Bloch, M. E**, Naturgeschichte der Fische. 12 Teile. Berlin. 4^0.
1798—1805. **Lacepède, B. G. E.** de, Histoire naturelle des poissons. 6 vol. Paris. 4^0.
1828—1849. **Cuvier, G., et Valenciennes, A.**, Histoire naturelle des poissons. 22 vol. Paris. 8^0.
1859—1870. **Günther, A.**, Catalogue of the fishes in the British Museum. 8 vol. London. 8^0.

Schriften über die Fische Mittel-Europas.

1783—1785. **Bloch**, M. E., Ökonomische Naturgeschichte der Fische Deutschlands. 3 Bde. mit 107 Tf. Berlin. 8°.
1839. **Agassiz**, L., Histoire naturelle des poissons d'eau douce de l'Europe centrale. 1. livr. Neuchâtel. fol.
1840. **Schinz**, H, Europäische Fauna. 2. Bd. Stuttgart. 8°.
1856. **Günther**, A., Beiträge zur Kenntnis der deutschen Süsswasserfische [PERCA fluviatilis, ACERINA cernua, LUCIOPERCA sandra, volgensis]. Arch. Ntg. 21, 197—212 t. 10.
1858. **Heckel**, J., u. **Kner**, R., Die Süsswasserfische der östreichischen Monarchie. Leipzig, Engelmann. 8°.
1863. **Siebold**, C. Th. E. v., Die Süsswasserfische von Mitteleuropa. Leipzig, Engelmann. 8°.
1870. **Weber**, J. C., Die Fische Deutschlands und der Schweiz. Mit 67 Tf. München. Kl. 8°.
1875. **Wittmack**, L., Beiträge zur Fischerei-Statistik des Deutschen Reiches. Berlin. 4°.
1878. **Lori**, F. A, Fauna der Süsswasserfische von Mitteleuropa nach Siebold. Passau. 8°.
1880—1882. **von dem Borne**, M., Die Fischerei-Verhältnisse des deutschen Reiches, Österreich-Ungarns, der Schweiz und Luxemburgs. Berlin. 4°.
1882. **Heincke**, F., Naturgeschichte der Fische. Leipzig, Brockhaus. 8°.
1883. **Möbius**, K., u. **Heincke**, F., Die Fische der Ostsee. Berlin. Parey. 8°.
1886. **von dem Borne**, M., **Benecke**, B., **Dallmer**, E, Handbuch der Fischzucht und Fischerei. Berlin. 8°.
Seeley, H. G., The fresh-water fishes of Europe. London. 8°.
1888. **Tesdorpf**, A., Norddeutscher Binnenfischerei-Ratgeber für Jedermann. Illustrirte Beschreibung der Süsswasserfische Norddeutschlands, Fischerbeutung, Fischwirtschaft, Fischereigeräte etc. Zur Förderung der Fischzucht für den Laien zusammengestellt. Kiel u. Leipzig, Lipsius u. Tischer. 8°. (6+186 p.)
1890 **Schulze**, E., Über die geographische Verbreitung der Süsswasserfische von Mitteleuropa. Stuttgart, Engelhorn. 8°. (Forschungen zur deutschen Landes- und Volkskunde, Bd. 5 Heft 2.)
1891. **Seligo**, A., Die deutschen Süsswasserfische und ihre Lebensverhältnisse; ap. Zacharias O., Die Tier- und Pflanzenwelt des Süsswassers. Leipzig, Weber. 8°. v. 2 p. 151—208.
Hess, W., Spezielle Zoologie populär dargestellt. Stuttgart, Weisert. 8°. Bd. 2: Die Reptilien, Amphibien, Fische und wirbellosen Tiere Deutschlands. [p. 30—73: Fische.]

Schriften über Fische einzelner Stromgebiete.
1. Donaugebiet.
1726. **Marsigli,** L. F., Danubius pannonico-mysicus. tom. 4. Amstelodami. 2⁰.
1756. **Kramer,** W. H., Elenchus vegetabilium et animalium per Austriam inferiorem observatorum. Viennae. 8⁰.
1759. **Schaeffer,** J. C., Piscium Bavarico-Ratisbonensium pentas. Ratisbonae. 4⁰. (82 p. 5. t)
1780. **Schrank,** F. v. P., Bemerkungen über den SALMO *salvelinus* L. und den S. *lavaretus* L Schr. berl. G. ntf. Fr. 1, 380.
1781. **Schrank,** F. v. P., Beitrag zur Naturgeschichte des SALMO *alpinus*. Schr. berl. G. ntf. Fr. 2, 297—306.
1785—1794. **Meidinger,** K. a, Icones piscium Austriae indigenorum. Viennae. fol. (50 t. col)
1786. **Schrank,** F. v. P., Bairische Reise. München. 8⁰.
1787. **Schaeffer,** J. C. G., Versuch einer medicinischen Ortsbeschreibung der Stadt Regensburg, p. 207.
1792. **Schrank,** Nähere Bestimmung dreier Barscharten. Abh. G. Nf. u. Ökon. Oberdeutschl., München, p. 98.
1793. **Schrank,** Reise nach den südlichen Gebirgen von Baiern. München. 8⁰.
1798. **Schrank,** F. v. P., Fauna boica. Bd. 1. Nürnberg. 8⁰.
1804. **Schultes,** J. A, Reise auf den Glockner. Teil 1—4. Wien. 8⁰.
1809. **Schultes,** J. A., Reisen durch Oberösterreich in den Jahren 1794 bis 1808. Tübingen. 8⁰.
1824. **Martens,** G. v., Reise nach Venedig. Ulm. p. 47.
1828. **Agassiz,** L., Beschreibung einer neuen Species aus dem Genus CYPRINUS L. (GOBIO *uranoscopus*). Isis 1046 t. 12.
1830. **Martens,** G. v., Über Würtembergs Fauna. Corrbl. würtb. ldw. V.. Bd. 17.
Reisinger, J., Specimen ichthyologiae sistens pisces aquarum dulcium Hungariae. Budae. 8⁰.
1832. **Fitzinger,** Systematische Aufzählung der im Erzherzogtume Österreich vorkommenden Säugetiere, Reptilien und Fische. Beitr. Landesk. Östr., Wien, 1, 280.
Perty, Beiträge zur Kenntnis der Fauna monacensis. Isis 712.
Reuss, L., Fauna des Unter-Donaukreises. Passau. p. 411.
1834. **Reider,** J. E. v., u. **Hahn,** C. W., Fauna boica. Naturgeschichte der Fische Baierns. Mit 37 kol. Tf. Nürnberg. 8⁰.
1840. **Koch,** C. L., Fauna ratisbonensis. Regensburg.
1841. **Freyer,** H., Fauna der Wirbeltiere Krains. Laibach. 8⁰.
1842. **Widdrington,** S. E, On the freshwater fishes of Austria. Ann. nat. hist. 8, 207—210.
1846. **Wagner,** A., Beiträge zur Kenntnis der bairischen Fauna. Anz. bair. Ak. n. 81—84. 87.
1847. **Fürnrohr,** A. C., Die Fische in den Gewässern um Regensburg. Stadt am Hof. 4⁰.
1848. **Heckel,** J., Die Fische Ungarns. Mitt. Fr. Ntw. Wien, v. 3.

1851. **Heckel, J.**, Über die in den Seen Österreichs vorkommenden Fische. Sitzb. Ak. Wien 6, 145—149.
Heckel, J., Über die in den Seen Oberösterreichs vorkommenden Fische. Sitzb. Ak. Wien 7, 189.
Heckel, J., Bericht über eine Reise durch Oberösterreich nach Salzburg, München, Innsbruck. Sitzb. Ak. Wien 7, 281.
Weber, J. C., Abbildungen der Fische, welche in den Flüssen und Seen von Baiern vorkommen. München.
1852. **Heckel, J.**, Verzeichnis der Fische des Donaugebietes. Vh. zool.-bot. G. Wien, Bd. 2, Sitzb. p. 28 - 33.
Heckel, J., Die Fische der Save. Vh. zool.-bot. G. Wien 2, 130. 131.
1853. **Grandauer, A.**, Die Fische in den Gewässern um Augsburg 6. Ber. ntf. V. Augsburg p. 21.
Bielz, E. A., Übersicht der lebenden Fische Siebenbürgens. Vh. Siebenb. V. 4. 172—185.
1854. **Heckel, J.**, Die Fische der Salzach, untersucht und systematisch verzeichnet. Vh. zool.-bot. G. Wien 4, 189—196.
1856. **Bielz, E. A.**, Fauna der Wirbeltiere Siebenbürgens. Hermannstadt. 8°.
1859. **Aigner, J.**, Salzburgs Fische. Jber. Mus. Carol-August. Salzburg. p. 72.
Veesenmayer, LEUCISCUS *virgo* in der Donau. Jh. V. Ntk. Württ. 15. 47—51.
1860. **Büchele, J.**, Die Wirbeltiere der Memminger Gegend. Memmingen.
1862. **Peetz, H.**, Die Fischwaid in den baierischen Seen. München.
Jeitteles, L. H., Über das Vorkommen von LUCIOPERCA *volgensis* C. V. bei Wien. Vh. zool.-bot. G. Wien 12. 113. 114.
Jeitteles, L. H., Prodromus faunae vertebratorum Hungariae superioris. Pisces. Vh. zool.-bot. G. Wien 12, 288 - 313.
1863. **Koch-Sternfeld, J. E.**, Der Fischfang in Baiern und Österreich ob der Enns, nach dem ältesten Landrechte. München.
Steindachner, F., Bemerkungen über verschiedene Fische des Donaugebietes. Vh. zool.-bot. G. Wien, v. 13.
v. Siebold, Über Donaufische. Vh. zool.-bot. G. Wien 13, 488 - 490.
1863—1864. **Jeitteles, L. H.**, Die Fische der March bei Olmütz. 2 Teile. Olmütz. 8°.
1864. **Jäckel, A. J.**, Die Fische Baierns. Regensburg. 8°.
Kner, R., Einige für die Fauna der österreichischen Süsswasserfische neue Arten.
1867. **Steindachner, F**, Über eine neue TELESTESart aus Kroatien. Sitzb. Ak. Wien.
1869. **Heller, C.**, Die Seen Tirols und ihre Fischfauna. (Innsbruck.) 4°.
1870. **Lori, F. A.**, Die Fische in der Umgegend von Passau Jber. nth V. Passau 1869/1870.
1871. **Heller, C.**, Die Fische Tirols und Vorarlbergs. Innsbruck. 8°.
1876. **Fitzinger, L. J.**, Über die an den Seen des Salzkammergutes, Salzburgs und Berchtesgadens gepflogenen Nachforschungen über die Natur des Silberlachses. Sitzb. Ak. Wien.
1878. **Fitzinger, L.**, Bericht über die gepflogenen Erhebungen bezüglich der in den beiden Seen Niederösterreichs, dem Erlaph- und dem Lunzer See vorkommenden Fischarten. Sitzb. Ak. Wien, Dec.

1879. **Karl, J.**, Catalogus piscium Hungariae. Budapest. 8⁰.
Dalla Torre, K. W. v, Die Wirbeltierfauna von Tirol und Vorarlberg. Innsbruck. 8⁰.
Krauss, F, Beiträge zur Fauna Würtembergs. Jh. V. Ntk. Würtb. 35, 343—353.
1881. **Klunzinger, C. B.**, Die Fische in Würtemberg. Jh. V. Ntk. Würtb. 37, 172—304.
Wick, W., Der Fischereischutz in Würtemberg. Ulm. 8⁰.
1883. **Wajgel, L.**, Zusammenziehung der 2 Arten PETROMYZON *planeri* und P. *fluviatilis* in eine. Mit Tafel. (Wien.) 8⁰. 20 p.
1885. **Wiedemann, A.**, Die in den Gewässern der Regirungsbezirke von Schwaben und Neuburg vorkommenden Fische. (Augsburg.) 8⁰.
1887. **Graff, L. v.**, Fauna der Alpenseen. Graz.) 8⁰. 22 p. (?)
1890. **Henschel, G.**, Anleitung zur Bestimmung der Süsswasserfauna. Wien. 8⁰.

2. Rheingebiet.

1557. **Mangolt,** G., Fischbuch. Von der Natur der Vischen, insonderheit deren so gefangen werdend im Bodensee. Zürich.
1558. **Gesner,** K., Historiae animalium liber 4 Tiguri.
1575. **Gesner,** K., Fischbuch. Zürich.
1661. **Cysat,** J. L., Beschreibung des Vierwaldstätten Sees. Luzern. p. 20—101.
1666. **Baldner,** L., Recht natürliche Beschreibung und Abmahlung der Wasservögel, Fischen ..., so bey Strassburg in den Wassern sind M. S. im Strassburger Naturalien-Kabinete u. in der Landesbibliothek zu Kassel.
1709. **Füssli,** J. M., u. **Simler,** J., Eigentliche Abbildung aller in dem Zürichsee und der Limmat sich befindenden Gattung Fischen. 1 t. aen.
1741. **Gronovius,** J. F., Pisces Belgii s. piscium in Belgio natantium et a se observatorum catalogus. Act. soc. Ups. 67—76.
1742. **Gronovius,** J. F., Pisces Belgii descripti. Act. soc. Ups. 79—107.
1748. **Meyer,** J. D., Vorstellung allerhand Tiere. 3 Teile. Nürnberg.
1750—1751. **Bruckner,** Merkwürdigkeiten der Landschaft Basel. Basel. Stück 5 p. 554. Stück 6 p. 632. 648.
1754. **Gronovius,** L. Th., Museum ichthyologicum. Lugduni Bat. 2⁰.
1757. **Gronovius,** J. F., Vissen van Nederland. Uitgez. Vh. 1, 145—159.
Gronovius, L. Th., Lijst van eenige Vissen van Nederland, die door J. F. Gronovius in de Acta Ups. van't jaar 1741 niet aangetekend zijn. Uitgez. Vh. 1, 324—332
1760. **Gronovius,** L. Th., Centuria animalium secunda in Belgio a me observatorum. Act. Helv. 4, 256. Basileae.
1777. **Wartmann,** B., Beschreibung und Naturgeschichte des Blaufelchen. Beschäft. berl. Ges. ntf. Fr. 3, 184—213.
1778. **Sander,** Zur Naturgeschichte des GADUS *lota*. Karlsruhe.
1781. **Gronovius,** L. Th., Zoophylacium Gronovianum. Lugduni Bat.
Sander, Beiträge zur Naturgeschichte der Fische im Rheine. Ntf., Stück 15 p. 163—183.
1783. **Wartmann,** B., Von den Rheinanken. Schr. berl. Ges. ntf. Fr. 1, 55—68.
1787. **Nau,** B. S., Ökonomische Naturgeschichte der Fische in der Gegend um Mainz. Beitr. Ntg. d. Mainzer Landes, Heft 1. Mainz.
1788. **Nau,** B. S., Nachtrag zur Naturgeschichte der Fische nebst den Amphibien und Vögeln des Mainzer Landes. Mainz.
1789. **Merrem,** L., Verzeichnis der rotblütigen Tiere in den Gegenden um Göttingen und Duisburg. Schr. Ges. ntf. Fr. Berlin 9, 195.
1791. **Nau,** B. S., Bemerkungen zu Sanders Beiträgen zur Naturgeschichte der Fische im Rheine. Ntf., Stück 25 p. 24—34.
1798. **Meyer,** Ch. F., Naturbeobachtungen des gebürgischen Süderlandes der Grafschaft Mark, worin das Wasser, die Luft, Grund und Boden, Gewächse, Metalle, Tiere, Vögel, Fische und Einwohner betrachtet werden. Düsseldorf.
1802. **Steinbuch,** J. G., Analekten für die Naturkunde. Fürth.
1804. **Hermann,** J., Observationes zoologicae. Argentorati.
1808. **Hartmann,** G. L., Versuch einer Beschreibung des Bodensees. St. Gallen.
1821. **Ausonius,** D. Magnus, Mosella, ed. L. Tross. Hamm. 8⁰.
1824. **Bennet,** J. A., en **Olivier,** G. van, Naamlijst van nederlandsche Visschen. Ntk. Vh. Holl. Maatsch. Wetensch. Haarlem. X.

1827. **Hartmann**, G. L., Helvetische Ichthyologie. Zürich. 8⁰.
Römer-Büchner, B. J., Verzeichnis der Steine und Tiere, welche im Gebiete der freien Stadt Frankfurt gefunden werden. Frankfurt a. M. p. 68.
1834. **Nenning**, St., Die Fische des Bodensees nach ihrer äusseren Erscheinung. Konstanz. 8⁰.
1835. **Agassiz**, L., Description de quelques espèces de cyprins du lac de Neuchâtel. Mém. soc. sc. nat. Neuchâtel 1, 33—48 t. 1. 2.
1836. **Fournel**, D. H. L., Faune de la Moselle. Metz. 12⁰. 1, 368.
Holandre, J., Faune du département de la Moselle. Animaux vertébrés. Metz.
1837. **Schinz**, H., Fauna helvetica. Denkschr. schw. Ges. Ntw., Bd. 1. Neuchâtel u. Solothurn.
1840. **Küster**, H. C., Systematisches Verzeichnis der in der Umgegend Erlangens beobachteten Tiere. Erlangen. p. 8.
1842. **Schinz**, H., Der Kanton Zürich in naturgeschichtlicher Beziehung. Zürich. p.302.
Selys-Longchamps, E. de, Faune belge. Liége. p. 183.
1844. **Schäfer**, M., Moselfauna. 1. Teil. Trier. 8⁰.
1845. **Küster** ap. Lochner, Nürnbergs Vorzeit und Gegenwart. Nürnberg. p. 364.
Ausonius, D. M., Mosella. Ed. Böcking.
Oken, L., Über Auson's Fische in der Mosel. Isis 5 - 44.
1846. **Suffrian**, E., Verzeichnis der innerhalb des Regirungsbezirks Arnsberg bis jetzt beobachteten wildlebenden Wirbeltiere. 4. Fische. Jb. V. Ntk. Nassau. Wiesbaden. 3, 166—169.
1847. **Schnur**, Systematische Zusammenstellung der im Regirungsbezirke Trier bisher aufgefundenen Reptilien, Fische und Mollusken. Jber. Ges. nützl. Forsch. Trier. p. 70.
1847. 1848. Die Fische unserer Gewässer. Neujahrsstücke d. zürch. ntf. G. (9 p. 1 t. und 8 p. 1 t.)
1851. **Troschel**, Über die Rümpchen. Vh. nth. V. Rheinl. 8, 563.
1852. **Troschel**, F. H., ALAUSA *vulgaris* und *finta*, verschiedene Arten. Arch. Ntg. 18, 1, 228—233.
1853. **Rapp**, W., Über einige Fische des Bodensees. Jh. V. Ntk. Würtb. 9, 33 - 38.
Günther, A., Die Fische des Neckars, untersucht und beschrieben. (Jh. V. Ntk. Würtb. 9, 225—360 t. 6.) Stuttgart, Ebner u Seubert. 8⁰.
Leiblein, Versuch einer Aufzählung der Fische des Maingebietes. Corrbl. zool.-min. V. Regensburg. 7, 97—127.
1854. **Rapp**, W. v., Die Fische des Bodensees. Jh. V. Ntk. Würtb. 10. 137—175 t. 1—6.
1857. **Günther**, A., ABRAMIS *dobuloides* [= ALBURNUS *lucidus* × LEUCISCUS *cephalus*] n. sp. aus dem Neckar. Jh. V. Ntk. Würtb. 13, 52—54 t. 2.
1858 **Rosenhauer**, Über die in der Umgegend von Erlangen vorkommenden Fische. Mitt. ph.-med. Soc. Erlangen 1, 165—168.
Jäger, K., Die Fische der Wetterau. Nth. Abh. a. d. Geb. d. Wetterau. Hanau. p. 231 - 342.
Siebold, C. Th. E., Über den Kilch des Bodensees (COREGONUS *acronius*). Zs. Zool. 9, 295 - 299.
Krauss, F., Über den Bitterling (RHODEUS *amarus* Ag.). Jh. V. Ntk. Würtb. 14, 115—123.
1859. **Kirschbaum**, C. L., Die Reptilien und Fische im Herzogtume Nassau. Wiesbaden. 4⁰.

Spannagel, Verzeichnis der Fische der bairischen Rheinpfalz. 16. u. 17. Jber. d. Pollichia. Neustadt a. H. p. 26.

1860. Salm-Horstmar, neuer Süsswasserfisch in einem Bache bei Koesfeld. Arch. Ntg. 26, 119.

1861. Besselich, PETROMYZON *marinus* in der Mosel. Corrbl. nth. V. Rh. W. 79.

1862. Schlegel, H., De dieren van Nederland. Visschen. Haarlem. 8⁰.

1863. Kirschbaum, C. L., Die Reptilien und Fische des Herzogtums Nassau. Verzeichnis und Bestimmungstabelle. Jb. V. Ntk. Nassau 17. u. 18. p. 77—122.

1866—1867. Mühr, Die Fauna der näheren Umgegend von Bingen. Progr. d. Realschule zu Bingen. 4⁰.

1867. Selys-Longchamps, E. de, Sur la pêche fluviatile en Belgique. Bruxelles. 8⁰.
Medicus, W., Fische [der Rheinpfalz]. Landes- und Volkskunde der bairischen Rheinpfalz. München. 8⁰. (Bavaria, Bd. 4. Abt. 2.) p. 148—152.

1868. Géhin, J. B., Les poissons du département de la Moselle. Metz. 8⁰.
Bruhin, P. Th. A., Die Wirbeltiere Vorarlbergs. (Wien.) 8⁰.

1869. Boettger. O., Beitrag zur Kenntnis der Fische der unteren Maingegend. Offenbach. 4⁰.

1872. Lafontaine. A. de, Poissons du Luxembourg. Luxembourg. 8⁰.
Troschel, Über den Fang der sogenannten Rümpchen in den rheinischen Gebirgsbächen. Sitzb. nrh. G. Ntk. Bonn 208—210.

1876. Schmeckebier, PETROMYZON *planeri* in der Düssel bei Vohwinkel. Corrbl. nth. V. Rh. W. 62.
Melsheimer, Beobachtungen über die Aale. Corrbl. nth. V. Rh. W. 84—87.

1877. Melsheimer, Zur Naturgeschichte der Aale. Corrbl. nth. V. Rh. W. 98. 99.
Leuthner, F., Mittelrheinische Fischfauna. Basel. 8⁰.

1878. Melsheimer, Über bei Linz im Rheine gefangene Fische. Vh. nth V. Rh. W.

1880. Fraisse, P., Die Fische des Maingebietes von Unterfranken und Aschaffenburg. Würzburg. 8⁰. (19 p.)
Kollbrunner, E., Erhebungen über die Fischfauna und die hierauf bezüglichen Verhältnisse des Cantons Thurgau. Mitt. Thurg. ntw. G. 4, 3—104.
Miescher, F., Statistische und biologische Beiträge zur Kenntnis vom Leben des Rheinlachses im Süsswasser. Schweiz. Kat. d. Fischereiausst. Berlin, p. 154—232.

1881. Miescher, F., Über das Leben des Rheinlachses im Süsswasser. Arch. Anat. Entwg. 193—220 t. 8. 9.
Der Salmfang im Rheine. Zool. Gart. v. 22 n. 3. p. 94.
Klunzinger, C. B., Die Fische in Würtemberg, faunistisch-biologisch betrachtet, und die Fischereiverhältnisse daselbst. Jh. V. Ntk. Würtb. 37, 172—304.
Musy, M., Statistique sur la distribution des poissons dans les lacs et les cours d'eau du canton de Fribourg. Fribourg. 8⁰. (208 p.)

1882. Fatio, V., Faune des vertébrés de la Suisse. Histoire naturelle des poissons. Partie 1. Genève. 8⁰.
Nüsslin, O., Beiträge zur Kenntnis der COREGONUS-Arten des Bodensees und einiger anderer nahegelegener nordalpiner Seen. Zool. Anz. v. 5 p. 86—92, 106—111, 130—135, 164—169, 182—189, 207—212, 253—258, 279—282, 302—306.
Der Salm im Maine. Zool. Gart. v. 23. n. 3. p. 94. 95.

1883. **Studer**, Th., Der Lachs im Bielersee. Mitt. ntf. G. Bern 1, 9—13.
Nüsslin, O., Über das Leben des Rheinlachses. Vh. ntw. V. Karlsruhe 9, 25—33.
Goll, H., Contribution à l'histoire naturelle des corégones du lac de Neuchâtel. Arch. Soc. Ph. Nat. Genève (3) 10, 341—343.
1884. **Fatio**, V., Les corégones de la Suisse. Arch. Soc. Ph. Nat. Genève (3) 12, 433—437.
Klunzinger, C. B., Über die Felchenarten des Bodensees. Jh. V. Ntk. Württ. 40, 105—128.
Nüsslin, O., Über das Wesen der Species bei den nordalpinen Coregonen. Ber. 56. Vs. D. Ntf. Freiburg, p. 113—116.
Veesenmayer, G., BARBUS *fluviatilis* v. auratus. Jh. V. Ntk. Württ. 40, 325, 326.
1885. **Gens**, E., Notices sur les poissons d'eau douce de Belgique. Bruxelles. 8°.
Klunzinger, C. B., Über Bach- und Seeforellen. Jh. V. Ntk. Württ. 41, 266—288.
Fatio, V., Les corégones de la Suisse (classification et conditions de frai). Rec. Zool. Suisse, T. 2 n. 4. p. 649—665.
Fatio, V., Sur les corégones de la Suisse. Arch. Soc. Ph. Nat. Genève (3) 14, 252—254.
1886. **Gens**, E., Note sur un poisson d'eau douce nouveau pour la faune belge. (LEUCASPIUS *delineatus* Sb.) Bull. Ac. Belg. (3) T. 11 n. 2 p. 150—153.
1887. **Lanz**, H., Eine Vermehrung der Fischfauna des Bodensees (LUCIOPERCA *sandra* C.). Jh. V. Ntk. Württ. 43, 446—448.
Lambotte, H. et E., Synopsis de la faune des animaux vertébrés de la Belgique. Bruxelles. 12°.
Barbiche, Les poissons de la Nied allemande. Metz. 8°. 19 p.)
1888. **Geisenheyner**, L., Wirbeltierfauna von Kreuznach unter Berücksichtigung des ganzen Nahegebietes. 1. Fische, Amphibien, Reptilien. Kreuznach 8°.
Buxbaum, L., Der Fischpass an dem Nadelwehre zu Rauuheim a. Main. Zool. Gart. 29, 1—3.
Buxbaum, L., Der Main als Fischwasser. Zool. Gart. v. 29 n. 9 p. 278—280.
Selys-Longchamps, E. de, Révision des poissons d'eau douce de la faune belge. Bull. Ac. Sc. Belg. (3) T. 14 n. 12 p. 1021—1097.
Buchenberger, A., Fischereirecht und Fischereipflege im Grossherzogtume Baden. Tauberbischofsheim. 8°.
1889. **Buxbaum**, L., Der Main als Fischwasser. Zool. Gart. v. 30 n. 4 p. 114—116.
Buxbaum, L., Der Zug der Fische im Maine im Frühjahre 1889. Zool. Gart. v. 30 n. 8.
1890. **Buxbaum**, L., Vom unteren Main. (Hecht, Lachs, Zander, Maifisch.) Zool. Gart. v. 31 n. 11 p. 345.
1891. **Geisenheyner**, L., Wirbeltierfauna von Kreuznach. 2. Säugetiere. Kreuznach. 8°. (1891. Progr. n. 443.) p. 51 Zusätze zum 1. Teile. A. zu den Fischen. [GASTEROSTEUS *aculeatus* im Mühlengraben bei Büdesheim; TINCA *vulgaris*, ALBURNUS *bipunctatus*.]
1892. Poissons et crustacés des eaux douces et saumâtres de la Belgique et poissons étrangers y introduits ou dont l'acclimatation serait désirable. (Publication de l'administration des eaux et forêts.) Bruxelles, gr. in-8°. [8+54 p.; nombreuses figures dans le texte.]
Leydig, F., Leuchtflecken der Elritze. Zool. Gart. v. 33 n. 1.
Buxbaum, L., Ein Zug Aale auf der Wanderschaft im Maine. Zool. Gart. v. 33 n. 1.

3. Emsgebiet.

1872. **Lohmeyer, C. F.**, Verzeichnis der Fische, welche in den ostfriesischen Gewässern vorkommen. 58 Jber. ntf. G. Emden p. 9.
1879. **Metzger, A.**, Über Laichplätze des Lachses im Emsgebiete und über Massregeln zur Hebung des Lachsstandes daselbst. Circ. D. F.-V, p. 163--165.
1880. **Zimmermann, G. F.**, Ostfrieslands Anteil an der Binnen-, Küsten- und Hochseefischerei. Emden.
1881. **Vries, J. F. de, u. Focken, Th.**, Ostfriesland p. 232—239.
1883. **Wengen, v. d.**, Die Besetzung des Emsgebietes und der Else mit Lachsbrut 1883. Circ. D. F.-V. p. 80—89.
Wengen, v. d., Über die Lachsfischerei in der Ems. Circ. D. F.-V. p. 162.
1885. 1886. **Landois, H.**, Über das Fischsterben im Aaflusse bei Münster. Jber. westf. Prov.-V. 13, 16—17 u. 14, 14—15.
1887. **Landois, H.**, Über die Fischereiverhältnisse des Münsterlandes. 15. Jber. westf. Prov.-V, p. 39—43.
1889. **Landois, H.**, Bericht über die erste Westfälische Provinzial-Fischerei-Ausstellung zu Münster vom 6. bis 13. Mai 1888. 17. Jber. Westf. Prov.-V. 1888/9 p. 7—15.
Meyer, Die Fischpässe und die Lachsfischerei in der Ems und ihren Nebengewässern. Circ. D. F.-V. n. 1 p. 5—13; 1889.
Wengen, F. v. d., Lachszucht in der Ems. Circ. D. F.-V. n. 1 p. 13—16; 1889.
1891. **Borcherding, F., ap. Zacharias, O.**, Die Tier- und Pflanzenwelt des Süsswassers. Leipzig, Weber. 8⁰. v. 2 p. 366 367 Aufzählung der Fische, welche im Zwischenaner Meere leben [PERCA *fluviatilis*, ACERINA *cernua*, GASTEROSTEUS *aculeatus, pungitius*, LOTA *fluviatilis*, COBITIS *fossilis*, CYPRINUS *carpio*, CARASSIUS *vulgaris*, TINCA *vulgaris*, GOBIO *fluviatilis*, LEUCISCUS *idus, erythrophthalmus, rutilus*, ABRAMIS *brama, blicca*, TRUTTA *salar, trutta*, OSMERUS *eperlanus*, ESOX *lucius*, ANGUILLA *anguilla*].

4. Wesergebiet.

1741. **Brückmann, F. E.**, Von den Schlammpeizkern oder Wetterfischen. Hamburgische Ber. v. gel. Sachen 1741 p. 633.
1786. **Rüling, J. Ph.**, ap. Gatterer, Anleitung den Harz und andere Bergwerke mit Nutzen zu bereisen. 2. Teil. Göttingen. 8⁰.
1789. **Merrem, Bl.**, Verzeichnis der rotblütigen Tiere in den Gegenden von Göttingen und Duisburg. Schr. G. ntf. Fr. Berlin 9, 187—196.
1790. **Hönert, J. W.**, Etwas vom Fischfange, als einem beträchtlichen Nahrungszweige im St. Jürgenslande und übrigen am Hamme- und Wümmeflusse belegenen Gegenden im Herzogtume Bremen. Han. Mag. v. 28 n. 59—63.
1794. **Seetzen, U. J.**, Versuch eines Verzeichnisses der Jeverschen, Oldenburgischen und Ostfriesischen Fische. Meyers Zool Annalen. Weimar. 1, 399 402.
1818. **Menke, K. F.**, Pyrmont und seine Umgebungen. Pyrmont. p. 150
1822. **Meyer, G. F. W.**, Beiträge zur chorographischen Kenntnis des Flussgebietes der Innerste Göttingen. 8⁰. 1, 281—283.
1826. **Brandes, R., u. Krüger, F.**, Neue physikalisch-chemische Beschreibung der Mineralquellen zu Pyrmont nebst naturgetreuer Darstellung ihrer Umgebung. Pyrmont, Uslar. 8⁰. p. 137—153 Bemerkungen über die Fauna von Pyrmont [p. 145 Fische].
1830. **Menil, A. du**, Der Rehburger Brunnen als Kur- und Erholungsort. Hannover.
1836. **Helms, F.**, Zur Naturgeschichte unseres Vaterlandes. Der Hecht. Han. Mag. 1836 n 30. 31.
Helms, F., Zur Naturgeschichte unseres Vaterlandes. Von den Fischen im Jetzeflusse. Han. Mag. 1836 n. 49. 50.
1837. **Heineken, Ph.**, Die freie Hansestadt Bremen und ihr Gebiet. Bremen. 2, 148.
Gutheil, H., Beschreibung der Wesergegend um Höxter und Holzminden. Holzminden, Erdmann. 8⁰. p. 9.
1839. **Wächter, J. K.**, Etwas über Fische und Fischerei und Aufforderung zu Beobachtungen und Mitteilungen über die Naturgeschichte der einheimischen Fische. Han. Mag. 1839 n. 68—71.
1843. **Wagener**, Bemerkungen über die Forellen überhaupt und besonders über die künstliche Forellenzucht. Vaterländ. Blätter v. 1 n. 38—40.
1844. Der Fischfang auf der Weser und auf der Kalle. Vaterländ. Blätter v. 2 n. 5.
1849. **Schreiber, C.**, Physikalisch-medizinische Topographie des Physikats-Bezirks Eschwege. Schr. Ges. Bef. Ntw. Marburg 8, 117.
1851. **Schwaab, W.**, Geographische Naturkunde von Kurhessen. Kassel. p. 78.
1872. **Schieber, Ch.**, Der Weserlachs. Circ. D. F.-V. 1872 n. 8. p. 192—196.
1873. **Buchenau, F.**, Ein Fischregen. Abh. ntw. V. Bremen 3, 440.
1874. **Preuss, W. G.**, Fische und Fischerei der Unterweser. Weserzeitung n. 9689, 9698; Circ. D. F.-V. 1874. n. 2 p. 75—83.
1876. **Greve, E.**, in Wiepken u. Greve, Systematisches Verzeichnis der Wirbeltiere im Herzogtume Oldenburg. Oldenburg. p. 78 92
Häpke, L., Ichthyologische Beiträge. 1. Zur Entdeckungsgeschichte der künstlichen Fischzucht. 2. Zur Kenntnis der Fischfauna des Wesergebietes. Abh. ntw. V. Bremen 5. 157—192. Circ. D. F.-V. 1876 n. 3.
1877. **Häpke**, PETROMYZON *planeri* und COBITIS *taenia* aus Bassum 12. Jber. ntw. V. Bremen, p. 18.

1878. Greve, E., in Wiepken u. Greve, Die Wirbeltiere des Herzogtums Oldenburg analytisch bearbeitet. Oldenburg. p. 238-261.
Metzger, A., Verzeichnis der im Reg.-Bez. Kassel einheimischen Fische. (in „Das Fischereigesetz für den preuss. Staat, herausgeg. v. V. z. Bef. d. Fischz. im Reg.-Bez. Kassel"). Kassel. Kl. 8⁰.
Metzger, A., Übersicht der im Reg.-Bez. Kassel im Flussgebiete der Werra, Fulda und oberen Weser einheimischen Fische. Landwirtschaftl. Zs. f d. Reg.-Bez. Kassel 1878 p. 164—169.
Linstow, O. v., Ichthyologische Notizen. Arch. Ntg., Jahrg. 44. v. 1. p. 246—250. [PLATESSA *flesus*, ALOSA *vulgaris*, LEUCISCUS *alburno-lucidus* Linst., TRUTTA *salar* bei Hameln.]
1880. Häpke, L., Ichthyologische Beiträge. Fische und Fischerei im Wesergebiete. Abh. ntw. V. Bremen 6, 577—616.
Nehrkorn, A., Zur Aalfrage. Österr.-ung. Fischerei-Ztg 1880 n. 44 Zool. Gart. 21, 375-376; 1881.
1881. Metzger, A., Über die Lachszucht im Wesergebiete. Circ. D. F.-V. 1881 p. 163—167.
1882. Brüssow, Reise in der Provinz Hannover zur Förderung der Fischerei. Circ. D. F.-V. n. 7 p. 198—202.
1883. Borne, M. v. d., Fischerei und Fischzucht am Harze. Berlin. 8⁰.
1885. Adickes, Mitteilungen über Förderung der Fischerei in Hannover. Circ. D. F.-V. n. 5 p. 153. 154.
1886. Metzger, A, Bericht über die Fischerei-Verhältnisse an der Weser. Circ. D. F.-V. 1886 p. 15—19.
1889. Landois, H., Bericht über die erste westfälische Provinzial-Fischerei-Ausstellung zu Münster vom 6. bis 13. Mai 1888. 17. Jber. westf. Prov.-V. f. W. u. K. 1888, zool. Sekt. 1888/9, p. 7—15.
Borcherding, F., Das Tierleben auf und an der Plate bei Vegesak. Fische. Abh. ntw. V. Bremen 11, 274—276.
1890. Borcherding, F., Die Tierwelt der nordwestdeutschen Tiefebene. in „Die freie Hansestadt Bremen und ihre Umgebungen, Festgabe 63. Vs D. Ntf.' Bremen. 8⁰. p. 220—250. [p. 225 Morfauna: von Fischen trifft man in den anmorigen Wasserläufen COBITIS *fossilis*, ESOX *lucius*, ANGUILLA *anguilla*: p. 236—238 Pisces.]
1891. Borcherding, F., ap. Zacharias O., Das Tier- u. Pflanzenleben des Süsswassers. Leipzig, Weber. 8⁰. v. 2 p 365-366. Der Fischreichtum der Weser bei Vegesak.

5. Elbgebiet, Schleswig-Holstein, Mecklenburg.

1624. **Schonevelde**, St. a, Ichthyologia et nomenclaturae animalium marinorum fluviatilium lacustrium quae in ducatibus Slesvici et Holsatiae et emporio Hamburgo occurrunt triviales. Hamburgi. 4⁰.
1672. **Winnigstedt**, J., Quedlinburgisch Chronicon. M. S. in der Bibliothek des Oberbergamts zu Halle a. S. (Giebel Zs. Ntw. 26, 31—38; 1865.) [1672 am 1. März ein Lachs auf dem Ritteranger in der Bode bei Quedlinburg geschossen.]
1679. **Balbin**, B., Miscellanea historica regni Bohemiae. dec. 1. lib. 1. cap 52—57: de piscibus Bohemiae. Pragae.
1703. **Behrens**, G. H., Hercynia curiosa. Nordhausen. 4⁰. p. 121. 122. 124.
1750. **Kannegiesser**, G. H., De cura piscium per Slesvigiam et Holsatiam. Kiloniae. 8⁰.
1770. **Birkholz**, J. Ch., Ökonomische Beschreibung aller Arten Fische, welche in den Gewässern der Churmark gefunden werden. Berlin u. Stralsund.
1774. **Leske**, N. G., Ichthyologiae lipsiensis specimen. Lipsiae. 8⁰.
1780. **Bloch**, M. E., Ökonomische Naturgeschichte der Fische in den preussischen Staaten, besonders den märkischen und pommerschen Provinzen. Schr. Ges. ntf. Fr. Berlin 1, 231 - 296.
1790. **Stübner**, J. Ch., Denkwürdigkeiten des Fürstentums Blankenburg und Stifts amts Walkenried 2, 121—124: Von den Fischen und der Fischerei. Wernigerode. 8⁰.
1791. **Mayer**, J., Beschreibung einer neuen Fischart aus den böhmischen Gebirgen. Abh. böhm. G. 1, 275—280.
1794. **Siemssen**, A. Ch., Die Fische Mecklenburgs. Rostok und Leipzig. kl. 8⁰.
1795. **Schmidt**, F. W., Versuch eines Verzeichnisses aller in Böhmen bisher bemerkten Tiere. Saml. phys.-ökon. Aufs. 1, 64. Prag. 8⁰.
1801. **Rambach**, J., Versuch einer physisch-medicinischen Beschreibung von Hamburg. Hamburg. p. 104.
1804. **Telge**, A. W., Beitrag zur Naturgeschichte des Aals, besonders in Hinsicht seines Aufenthaltes im Elbstrome. Han. Mag. v. 14 n. 80.
1822. **Amerling**, C., Fauna čili Zvířena česká. V Praze.
1830. Hamburg in naturhistorischer und medicinischer Beziehung. p. 64. 65.
1832. **Hausmann**, J. F. L., Der hannoversche Harz. Göttingen. 8⁰. p. 43.
1834. **Zimmermann**, Ch., Das Harzgebirge 1, 231. 232. Darmstadt. 8⁰.
1837. Von dem Verfalle der Fischerei in den Flutgegenden der Elbe. Han. Mag., n. 21. 22. 23.
1838—1853. **Kroyer**, H., Danmarks fiske. Kjobenhavn. 8⁰.
1845. **Schulz**, J. H., Fauna marchica. Die Wirbeltiere der Mark Brandenburg. Berlin. 8⁰.
1846. **Brederlow**, C. G. F., Der Harz. Braunschweig. 8⁰. p. 119. 120.
1851. **Giebel**, Ch., Syngnathus acus in der Drecksaale bei Halle. Jber. ntw. V. Halle 1850 p. 22. 23.
1858. **Martens**, Ed. v., Fische im mansfelder Salzsee (Hechte, Rotfedern u. Plötzen). Arch. Ntg. 24, 1, 202.
Woldřich, J. N., Über die Fische und ihr Leben in den Waldbächen des Centralstockes des Böhmerwaldes. Lotos 8, 138—158. 172—179. 185—196.
1859. **Fritsch**, A., Kritisches Verzeichnis der Fische Böhmens. Lotos 9, 199—205.

Frič, A., České ryby. Živa.
Boll, E, Die Fische Mecklenburgs. Arch. V. Fr. Ntg. Mecklbg. 13, 143.
1860. Burkhardt, F, Fische in den Gewässern um Gera. 3. Jber. Geraer ntw. V., p. 62.
1861. Steinvorth, H., Beiträge zur Naturgeschichte des Fürstentums Lüneburg p. 17—23. Lüneburg.
1865. Lüning, Zur Naturgeschichte der Aale. Jh. ntw. V. Lüneburg 1, 68. 69.
1866 Claudius. W., Flüchtige Blicke in die Natur des Südrandes des Herzogtums Lauenburg. Jh. ntw. V. Lüneburg 2, 112.
1867. Fritsch, A, Diagramm der Fische Böhmens. Prag. fol.
1870. Steinvorth, H , Raubaale. Jh. ntw. V. Lüneburg 4, 130—132.
Steinvorth, H., Zur Kenntnis der lüneburgischen Fische. Jh. ntw. V. Lüneburg 4, 135—137.
Voigt, J. F., Über den Fischereibetrieb auf der Unterelbe. Hamburg.
1871. Ebeling, W., Über die Fischfauna der Magdeburger Gegend. Blätter für Handel, Gewerbe und sociales Leben 1871 n. 27 p. 212. 213.
1872. Fritsch, A., Die Fische Böhmens. Arch. ntw. Landesdurchforschung Böhm., Bd. 2. Abt 4. p. 111—133. Prag. 8⁰.
Fritsch, A., Die Flussfischerei in Böhmen und ihre Beziehungen zur künstlichen Fischzucht und zur Industrie. Arch. ntw. Landesdurchforschung Böhm., Bd. 2. Abt. 4 p. 153 198. Prag. 8⁰.
1873. Irmisch, Th., Fischerei-Statistik des Fürstentums Schwarzburg-Sondershausen. Vh. V. z. Bef d. Ldw. Sondershausen 1872/3 p. 58.
1874. Fritsch, A., Die künstliche Fischzucht in Böhmen. Ein Bericht über die Fortschritte der Lachs- und Forellenzucht in den Jahren 1871—1874. Prag.
Boltze, F., Über die Fischerei in der Grafschaft Mansfeld. Circ. D. F.-V. 1874 n. 1. p. 5—8.
1877. Dallmer, E., Fische und Fischerei im süssen Wasser, mit besonderer Berücksichtigung der Provinz Schleswig-Holstein. Schleswig. 8⁰.
Schmidt, F., Zur Lebensweise des Aales. Arch. V. Fr. Ntg. Mcklbg 31, 102—110.
1878. Raettig, A, Ein Albino unter den Aalen. Arch. V. Fr. Ntg. Mcklbg. 32, 122. 123.
Giebel, GASTEROSTEUS *aculeatus* und G. *pungitius* bei Halle. Zs. Ntw. 51, 359. 360.
Hirschberg, Fischereibestrebungen (Forellenzucht) im Fürstentume Schwarzburg-Sondershausen. Circ. D. F.-V. 1878 n. 2 p. 67.
1879. Jacobs, E., Karpfenzucht in Wernigerode 1494. Zs. Harzv. Gesch. Altertumsk. 12, 371.
1880. Taschenberg, O, GASTEROSTEUS *aculeatus* und G. *pungitius* in der Salza bei Seeburg. Zs. Ntw. 53, 534.
Griepenkerl, Fastenau, Rindfleisch, Protokoll und Reisebericht, betreffend die Hebung der Fischerei in den Harzgewässern. Verhandelt zu Harzburg 1880 Sept. 21. Circ. D F.-V. 1880 n. 6 p. 178—184.
Friedel, E , Verzeichnis der Fischarten in der Mark. Führer durch d. Fischerei-Abt. d. märk. Prov.-Mus. Berlin, p 22—29.
Blanck, A., Fische der Seen und Flüsse Mecklenburgs. Arch. V. Fr. Ntg. Mecklb 34, 94—154. 241—250.

1881. **Blanck, A.**, Die Fische der Seen und Flüsse Mecklenburgs. 2. Aufl. Schwerin 8°. (64 p.)
1883. v. d. **Borne, M.**, Fischerei und Fischzucht am Harze mit besonderer Berücksichtigung der Forellen und der Central-Fischzuchtanstalt zu Michaelstein. Berlin, Parey. 8°.
1884. **Hirschfeld, v**, Rückgang des Lachsfanges und Massnahmen zur Hebung desselben. Saale und Mulde. Circ. D. F.-V. 1884 n. 1 p. 7–9.
Gemeinfassliche Belehrung über die Süsswasserfische des Elbgebietes. Schriften des sächsischen Fischereivereines. n. 1. Dresden. 8°. Mit 48 Abbildungen. Zweite Auflage 1886.
Friedel, E, Märkische Fische (COREGONUS *albula*, CYPRINUS *carpio*). Mitt. V. Gesch. Berl. v. 1 n. 3.
1885. **Brinkmann, A**, Die Tierwelt. 4. Pisces. Festschr. z. 50j Jubelfeier d. Prov.-Ldw.-V. Bremervörde p. 185—188.
Metzger, A, Die Fischerei und Fischzucht im Regierungs-Bezirke Stade. Festschr. z. 50j. Jubelfeier d. Prov.-Ldw. V. Bremervörde p. 487-497.
1885–1887. **Fritsch, A.**, Untersuchungen über die Biologie und Anatomie des Elbelachses. Mitt. Österr. F.-V., n. 17. 19–23.
1886. **Friedel, E., u. Bolle, K**. Die Wirbeltiere der Provinz Brandenburg. Berlin. 8°. p. 4—15: Pisces.
1887. **Zacharias, O.**, Zoologische Mitteilungen über die mansfelder Seen Saale-Zeitung 1887 Sept. 16 n 216.
Saale-Zeitung 1887 Nov. 29 n. 279. 3 Beilage. (Welse in der Saale.)
Borcherding, F., Beiträge zur Molluskenfauna der nordwestdeutschen Tief-ebene nebst einigen allgemeinen faunistischen Bemerkungen. Jh. ntw. V. Lüneburg, v. 10; 1885–1887. [p. 57–59 Fische des Bederkesaer Sees; 66 Fische des Balksees; 69—70 Fische des Flögelner, Halemer und Dalemer Sees.]
1888. **Fritsch, A.**, Fischerei-Karte des Königreichs Böhmen. Prag. 4°.
1889. **Hilgendorf, F.**, Über eine Fischkrankheit an Karpfen aus der Niederlausitz. Sitzb. G. ntf. Fr. Berlin 1889 n. 5 p. 123–125.
1891. **Borcherding, F.**, ap. Zacharias, O., Die Tier- u. Pflanzenwelt des Süss-wassers. Leipzig, Weber. 8°. v. 2 p. 367: Verzeichnis der Fische des Balk-Sees [LUCIOPERCA *sandra*, PERCA *fluviatilis*, LOTA *fluviatilis*, TINCA *vulgaris*, ABRAMIS *brama*, ESOX *lucius*, ANGUILLA *anguilla*, CYPRINUS *carpio*].

6. Odergebiet. Pommern.

1603. **Schwenckfeld, C.**, Theriotropheum Silesiae. Lignicii. p. 377.
1779. **Bloch, M. E**, Naturgeschichte der Maräne. Besch. berl. Ges. ntf. Fr. 4, 60.
1780. **Bloch, M. E.**, Ökonomische Naturgeschichte der Fische in den preussischen Staaten, besonders der märkischen und pommerschen Provinzen Schr. berl. Ges. ntf. Fr. 1, 231.
1781. **Börner, J. C. H.**, Zoologiae silesiacae prodromus. Pisces. Der patr. Ges. in Schles. ökon. Nachr. 2, 187.
1806. **Weigel, J. A. V.**, Faunae silesiacae prodromus. Berlin. p. 41.
1815. **Kaluza, A.**, Systematische Beschreibung der schlesischen Amphibien und Fische. Breslau. 8⁰.
1833. **Gloger, C. L.**, Wirbeltierfauna von Schlesien. Breslau. 8⁰.
1839. **Creplin** ap. **Barthold**, Geschichte von Rügen und Pommern. Hamburg. 1, 81.
1845. **Schulz, J. H.**, Fauna marchica. Berlin. 8⁰.
1851. **Fechner**, Versuch einer Naturgeschichte der Umgegend von Görlitz. Zweiter, zoologischer Teil: Wirbeltier-Fauna. 14. Jber. höh. Bürgerschule Görlitz 1850/1. 4⁰. p. 1—13. [p. 12—13 Fische.]
1856. **Heinrich, A.**, Mährens und Schlesiens Fische, Reptilien und Vögel. Brünn. 8⁰.
1865. **Tobias, R.**, Die Wirbeltiere der Oberlausitz. Abh. ntf. G. Görlitz 12, 57–96. [p. 94–96: Pisces.]
1874. **Peters, W.**, Über eine neue Art von Maränen, COREGONUS generosus, aus der Mark Brandenburg (Puls-See). Monatsb. Ak W. Berlin, 14. Dez. 1874, p. 790–795.
1881. **Holland, T.**, Die Wirbeltiere Pommerns. Stolp. 8⁰.
1884. **Friedel, E.**, Märkische Fische. (COREGONUS generosus.) Mitt. V. Gesch. Berl v. 1 n. 3.
1886. **Friedel, E., u. Bolle, K**, Die Wirbeltiere der Provinz Brandenburg. Berlin. 8⁰.
1888. **Knauthe, K.**, TELESTES agassizii H. aus Zobten. Zool. Gart. v. 29 n. 7 p. 220. 221.
1890. **Knauthe, K**, Darmatmung der Schmerle im Freileben. Zool. Gart. v. 31 n. 11 p. 347.

7. Weichsel, Pregel, Memel.

1721. **Rzaczynski,** G., Historia naturalis regni Poloniae. Sandomiriae. p. 131. 153.
1765. **Wulff,** J. C., Ichthyologia cum amphibiis regni borussici. Regiomonti. 8⁰.
1784. **Bock,** F. S., Versuch einer wirtschaftlichen Naturgeschichte von dem Königreiche Ost- und Westpreussen. Dessau. 4, 522.
1824. **Rathke,** H., Schr. ntf. Ges. Danzig. 1, 3, V.
1834. **Lorek,** C. G., Fauna prussica. Königsberg. 4⁰.
1836. **Siebold,** C. Th. v., CYPRINUS farenus Art., ein preussischer Fisch. Arch. Ntg. 2, 1, 327.
1837. **Bujack,** J. G., Fauna prussica. Königsberg. 8⁰.
    Löffler, H., Über einige einheimische Fische Preuss. Prov.-Bl. 18, 539—547.
1840. **Zawadski,** A., Fauna der galizisch-bukowinischen Wirbeltiere. Stuttgart. 8⁰.
1842. **Siebold,** C. Th. v., Neue Beiträge zur Wirbeltier-Fauna Preussens. Preuss. Prov.-Bl. 27, 420—437.
1846. **Rathke,** H, Verzeichnis der in Ost- und Westpreussen vorkommenden Wirbeltiere. Preuss. Provinzialbl. Königsberg. 2, 1, 17.
1863 1864. **Walecki,** A., Mater. do fauny ichthyol. polski. Warszawa. 8⁰.
1881. **Benecke,** B., Fische, Fischerei und Fischzucht in Ost- und Westpreussen. Königsberg. Hartung. 8⁰. (514 p.)
    Benecke, B., Die Schuppen unserer Fische. Schr. phys.-ök. Ges. Königsberg 22, 112—117. Mit 4 Tf.
    Stobiecki, S., Do rybiej fauny Babiej góry. Sprawozd. Kom. Fizyjogr. Ak. Umjetr. Krakowie 15, 323. 324.
1884. **Benecke,** B., Ein neuer Cyprinidenbastard (ALBURNUS lucidus × LEUCISCUS erythrophthalmus). Zool. Anz. 7, 228—230.
1887 **Benecke,** B., Die westpreussischen Fische. Aus seinem Werke „Fische, Fischerei und Fischzucht in Ost- und Westpreussen" zusammengestellt. Danzig. Saunier. 5 Tf. fol.

ERKLÄRUNG DER ABKÜRZUNGEN.

1. Abteilungen des Systems.

Phylum
  Klasse
    Ordnung
      Cohorte, Familiengruppe
        Familie
          Tribus
            Genus, Gattung
              Sektion
                Species, Art.

2. Abkürzungen in den ichthyographischen Formeln.

A = pinna analis, Afterflosse.
B = membrana branchiostega, Kiemenhaut.
C = pinna caudalis, Schwanzflosse.
D = pinna dorsualis, Rückenflosse.
Df = dentes faucales, Schlundzähne.
P = pinnae pectorales, Brustflossen.
Sq = squamae, Schuppen.
V = pinnae ventrales, Bauchflossen.

3. Ordnungen der Schmarotzer.

Cestodes, Bandwürmer.
Copepoda, Ruderfüssler.
Discophora, Egel.
Echinorynchi, Kratzer.
Nematodes, Fadenwürmer.
Trematodes, Saugwürmer.

4. Sitze der Schmarotzer.

a = cavitas abdominalis, Leibeshöhle.
app. pyl. = appendices pyloricae, Pförtneranhänge.
b = branchiae, Kiemen.
c = cutis, Haut.
cb = cerebrum, Gehirn.
cr = cranium, Schädel.
h = hepar, Leber.
i = intestinum, Darm.
m = musculi, Fleisch.
o = oculi, Augen.
oes = oesophagus, Speiseröhre.
p = pinnae, Flossen.
ph = physa, Schwimmblase.
pl = palatum, Gaumen.
pt = peritonaeum, Bauchfell.
v = ventriculus, Magen.

5. Stromgebiete.

Donau.
Elbe.
Ems.
Memel.
Oder.
Pregel.
Rhein.
Weichsel.
Weser.

Kl. PISCES. Fische.

RHACHIDOZOA branchiata nuda aut squamosa cristata, artubus pinnaceis, corde simplici.

RÜCKGRATTHERE, durch Kiemen atmend, mit nackter oder beschuppter Haut, unpaarem Flossenkamme, flossenförmigen Gliedmassen, einfachem Herzen.

1. O. CYCLOSTOMI Duméril zool. anal.: 1806. Rundmäuler.

PISCES teretes nudi, ore suctorio, nare una, branchiis sacciformibus, rhachide cartilaginea, artubus nullis.

FISCHE mit walzigem Leibe, nackter Haut, kieferlosem Saugmunde, unpaarer Nase, beutelförmigen Kiemen, knorpeliger Rückensäule, ohne Gliedmassen.

1. F. PETROMYZONTIDAE Risso hist. nat. eur. mér., v. 3; 1826.

Os labiatum, cirris nullis; naris supera caeca; spiracula utroque latere 7; pinna dorsualis.

Mund mit fleischigen, zu einer Längsspalte zusammenlegbaren Lippen, ohne Bartfäden; Nasenhöhle auf der Oberseite des Kopfes, blind geschlossen; jederseits 7 äussere Kiemenöffnungen; Rückenflosse vorhanden.

1. G. PETROMYZON Artedi g. pisc. 64; 1738.

Os fimbriatum; lamina maxillaris superior bicuspis, inferior cuspidibus 7—8; lingua dentibus serratis; pinnae dorsuales 2, posterior cum caudali coniuncta.

Mund mit kurzen Franzen; an Stelle der Kiefer 2 Hornleisten, die obere mit 2, die untere mit 7—8 Zacken; Zunge mit gesägten Zähnen; 2 Rückenflossen, die hintere mit der Schwanzflosse verbunden.

1. PETROMYZON *branchialis* L. Neunauge. Larve: Querder.

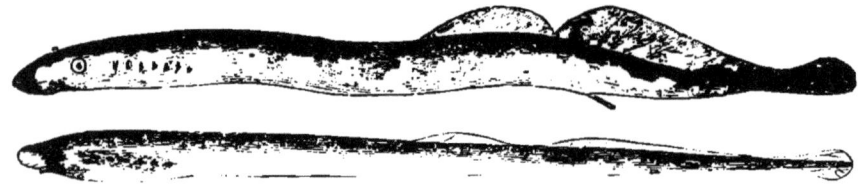

P. laminis maxillaribus obtuse dentatis, superioris dentibus distantibus; pinnis dorsualibus contiguis.

PETROMYZON corpore annuloso, appendicibus utrinque 2 in margine oris. Artedi g. pisc. 64 n. 3. syn. pisc. 90 n. 3; 1738.

PETROMYZON 4. Klein pisc. 3, 30; 1742.

PETROMYZON *branchialis* Linné f. succ. 105; 1761. syst. nat. 394; 1766. Bloch Fische Deutschl. 3, 58 t. 78 f. 2; 1785 (larva). Günther fish. 8, 504; 1870.

PETROMYZON *planeri* Bloch Fische Deutschl. 3, 60 t. 78 f. 3; 1785. Lacepède poiss. 1, 30 t. 3 f. 1; 1798. Günther Fische d. Neckars 135; 1853. Heckel u. Kner Fische Östr. 380; 1858. Siebold Fische Mitteleur. 375; 1863. Benecke Fische Preuss. 197; 1881 (imago).

PETROMYZON *lamproyon* Lacepède poiss. 1, 26 t. 2 f. 1; 1798.

PETROMYZON *sanguisuga* Lacepède poiss. 2, 101; 1800.

PETROMYZON *septoeuil* Lacepède poiss. 4, 667 t. 15 f. 1; 1802.

PETROMYZON *niger* Lacepède poiss. 4, 667 t. 15 f. 2; 1802.

AMMOCOETES *branchialis* Duméril cyclost. Mag. Encycl.; 1808. Günther Fische d. Neckars 135; 1853. Heckel u. Kner Fische Östr. 382; 1858. (larva.)

15—20 cm. Leib walzig, hinten zusammengedrückt. Kieferplatten mit stumpfen Zähnen. Rückenflossen zusammenhängend. Afterflosse beim Manne eine niedrige Kante; beim Weibe grösser, am After am höchsten. Haut geringelt. Rücken olivengrün; Seiten schmutziggelb; Bauch silberig; Flossen violett. Larve schmutziggelb ohne Silberglanz, mit kleinem, zugespitztem Kopfe, zahnlosem, mit verästelten Barteln besetztem, zweilippigem Munde, dessen Oberlippe die Unterlippe weit überragt, unter der Haut verborgenen Augen, in einer Längsfurche liegenden Kiemenlöchern.

Laichzeit März, April. Die Weiber saugen sich gesellig in flachem, schnell fliessendem Wasser am Kiesgrunde, die Männer am Nacken der Weiber fest, und entleeren unter heftigem Schütteln Eier und Samen. Nach dem Ablaichen sterben sie ab. Eier 1 mm gross, hellgrau oder graugelblich. Die Larven wühlen sich gleich nach dem Ausschlüpfen in den Schlamm ein und wandeln sich nach drei bis vier Jahren in das geschlechtsreife Tier um.

Schmarotzer: Neuronaina lampretae Gull. cr, Ligula digramma Cr. a.

In klaren Bächen. Verbreitet.

2. PETROMYZON *fluviatilis* L. Pricke.

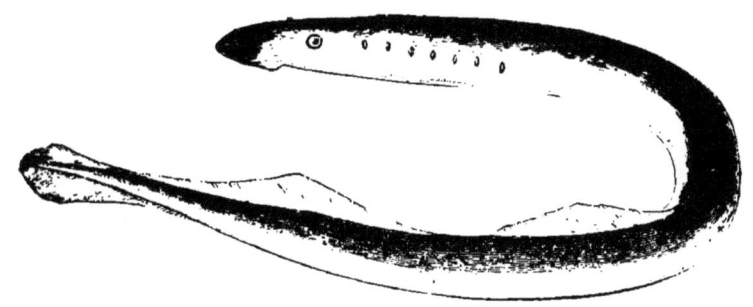

P. laminis maxillaribus acute dentatis, superioris dentibus distantibus; pinnis dorsualibus seiunctis.

P. unico ordine denticulorum minimorum in limbo oris praeter inferiores maiores. Artedi g. pisc. 64 n. 1. syn. pisc. 89. sp. pisc. 99; 1738.

P. 1. et 2. Klein pisc. 3, 29. 30 t. 1 f. 3; 1742.

P. *fluviatilis* Linné f. suec. 104; 1761. syst. nat. 394; 1766. Bloch Fische Deutschl. 3, 53 t. 78 f. 1; 1785. Meidinger pisc. austr. t. 50; 1794. Günther Fische d. Neckars 134; 1853. Heckel u. Kner Fische Östr. 377; 1858. Siebold Fische Mitteleur. 372; 1863. Günther fish. 8, 502; 1870. Benecke Fische Preuss. 196; 1881.

P. *pricka* Lacepède poiss. 1, 18; 1798.

30—50 cm. Leib walzig, hinten zusammengedrückt. Zähne der Kieferplatten spitz, die der oberen auseinanderstehend. Kopfporen deutlich. Rückenflossen getrennt. Afterflosse eine niedrige Hautfalte. Haut querrunzelig. Rücken dunkel olivengrün oder braungrün; Seiten schmutziggelb, silberglänzend; Bauch weiss.

Laichzeit April, Mai. Einige Tausend 1 mm grosser, graugelblicher, undurchsichtiger Eier in seichtem, schnell fliessendem Wasser auf Steingrund. Stirbt nach dem Ablaichen.

Nahrung: Insekten, Würmer, Fische.

Schmarotzer: N Gordius aquaticus Gm. cr, Ascaris petromyzontis Lw., T Tylodelphus petromyzontis fluviatilis D. cb, Distomum roseum

Ben. i, appendiculatum R. i, semiflavum Lw., inerme Lw., C Scolex petromyzontis Lw.

An den Meeresküsten; steigt im Herbste und Winter zum Laichen in die Flüsse auf.

3. PETROMYZON *marinus* L. Lamprete.

P. laminis maxillaribus acute dentatis, superioris dentibus approximatis; pinnis dorsualibus distantibus.

P. maculosus, ordinibus dentium circiter 20. Artedi g. pisc. 64 n. 2. syn. pisc. 90 n. 2; 1738.

P. 3. Klein pisc. 3, 30; 1742.

P. *marinus* Linné f. suec. 105; 1761. syst. nat. 394; 1766. Bloch Fische Deutschl. 3, 49 t. 77; 1785. Günther Fische d. Neckars 131; 1853. Heckel u. Kner Fische Östr. 374; 1858. Siebold Fische Mitteleur. 368; 1863. Günther fish. 8, 501; 1870. Benecke Fische Preuss. 194; 1881.

P. *lamproie* Lacepède poiss. 1, 3 t. 1 f. 1. 2; 1798.

50—90 cm. Leib walzig, hinten zusammengedrückt. Zähne der Kieferplatten spitz, die der oberen dicht nebeneinander. Kopfporen deutlich. Rückenflossen weit von einander getrennt. Afterflosse fehlt. Gelblichweiss oder bleigrau, Oberseite schwarzbraun oder dunkel olivengrün marmorirt.

Laichzeit April bis Juni.

Nahrung: Fische.

In der Nordsee und Ostsee; steigt im Frühjahre zum Laichen in die Flüsse auf.

2. O. **GANOIDES** Agassiz poiss. foss.. v. 2 part. 1 p. 1; 1833. Schmelzschupper.

Pisces branchiis liberis operculatis, intestino spiratim plicato, cono cordis arterioso, physa aperta.

Fische mit freien Kiemen, Kiemendeckel, Spiralklappe des Darmes, conus arteriosus des Herzens, in den Schlund geöffneter Schwimmblase.

2. F. **ACIPESIDAE** Bonaparte distr. met. vert.; 1831.

Rostrum productum. Os inferum minutum protensile edentulum. Cirri 4. Corpus scutorum ordinibus 5 tectum. Sceletum cartilagineum. Pinnae medianae fulcratae. Radii branchiostegi nulli. Parabranchiae.

Schnauze verlängert. Mund unterständig, klein, vorstreckbar, zahnlos. 4 Barteln in einer Querreihe. Leib mit 5 Reihen von Knochenplatten. Skelet teilweise knorpelig. Die unparen Flossen beschindelt. Kiemenhäute an der Kehle zusammenfliessend, strahlenlos. Nebenkiemen vorhanden.

1. G. **ACIPENSER** Artedi g. pisc. 65; 1738.

Scutorum ordines discreti. Siphones super spiraculis. Cauda pinna caudali inclusa.

Die Reihen der Knochenplatten am Schwanze nicht zusammenfliessend. Spritzlöcher vorhanden. Schwanzspitze von der Schwanzflosse eingeschlossen.

1. ACIPENSER *sturio* L. Stör.

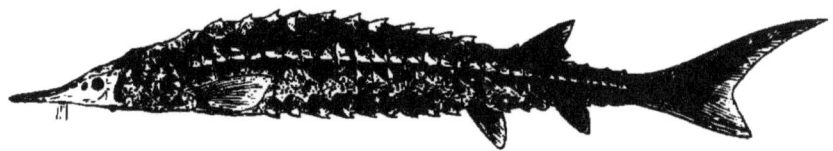

A. rostro longiusculo, labio superiore angusto, inferiore crasso bipartito, cirris teretibus simplicibus, scutis dorsualibus medio culminatis, lateralibus magnis confertis.

D 11/29 P 1/38 V 11/14 A 11/14 C 11/11/75.

A. corpore tuberculis spinosis aspero. Artedi g. pisc. 65 n. 1. syn. pisc. 91; 1738.
A. 1. Klein pisc. 4, 12; 1744.
A. *sturio* Linné f. suec. 107: 1761. syst. nat 403: 1766 Bloch Fische Deutschl. 3, 113 t. 88: 1785. Lacepède poiss. 1, 411 t. 20 f. 1; 1798. Heckel u. Kner Fische Östr. 362; 1858. Siebold Fische Mitteleur. 363; 1863. Günther fish. 8, 342; 1870. Benecke Fische Preuss. 191; 1881.

2—3 m. Schnauze mässig lang, dreieckig, auf der Oberseite zugespitzt. Barteln drehrund, ungefranst. Oberlippe schmal; Unterlippe wulstig, in der Mitte unterbrochen. Leib gestreckt, fünfkantig. Unterseite eben. Rückenschilder 11—13, in der Mitte am höchsten. Seitenschilder jederseits 26—31, dicht aneinander gereiht. Bauchschilder jederseits 11—13. Haut durch eingelagerte Knochentäfelchen rauh.

Laichzeit April bis Juni. Mehre Millionen 2 mm grosser schwarzer Eier.

Nahrung: wirbellose Tiere, kleine Fische.

Schmarotzer: N Ascaris constricta R. v. i, acipenseris Lw., Dacnitis sphaerocephala Duj. i, Cucullanus papillifer Mol. v E Echinorynchus proteus W. i. plagiocephalus W. i, T Distomum hispidum Abg. i, grandiporum R. oes. v, rufoviride R. v. i, appendiculatum R., Nitzschia elegans Baer b. C Amphiline foliacea R. a, Cp Dichelestium sturionis Herm. b.

In der Nordsee und Ostsee, steigt zum Laichen in die Flüsse auf: Memel bis Tilsit; Pregel bis Insterburg; Weichsel bis Galizien; Elbe bis Böhmen; Weser bis Münden; Ems bis Weener; Rhein bis Basel. Fehlt dem Donaugebiete.

3. O. **TELEOSTEI** Müller Arch. Ntg.; 1845. Knochenfische.
Pisces squamosi aut nudi, sceleto osseo, branchiis liberis operculatis.

Fische mit beschuppter oder nackter Haut, knöchernem Skelet, freien Kiemen, Kiemendeckel, ohne Spiralklappe des Darmes, mit nur 2 Klappen im Grunde des Aortenbulbus.

1. C. PHYSOSTOMI.

Ossa intermaxillaria et supramaxillaria mobilia; branchiae pectinatae; pinnarum radii articulati; pinnae ventrales abdominales aut nullae; physa aperta aut nulla.

Zwischenkiefer und Oberkiefer beweglich; Kiemen kammförmig; Flossenstrahlen weich; Bauchflossen, wenn vorhanden, bauchständig; Schwimmblase, wenn vorhanden, mit Luftgang.

3. F. MURAENIDAE Bonaparte distr. met. vert.; 1831.

Ossa supramaxillaria dentata; intermaxillaria cum vomere et ethmoideo connata; corpus elongatum cylindricum aut lineare; pinnae ventrales nullae; squamae minutae aut nullae.

Oberkiefer bezahnt, den seitlichen Rand der Oberkinnlade bildend; Zwischenkiefer mit Pflugscharbein und Siebbein verwachsen; Leib gestreckt, walzig oder bandförmig; keine Bauchflossen; Haut nackt oder mit verkümmerten Schuppen.

1. G. ANGUILLA C.

Dentes minuti fasciatim dispositi; lingua libera; spiracula angusta; pinnae dorsualis caudalis analis unitae; cutis squamosa.

Zähne klein, in Streifen; Zunge frei; Kiemenöffnungen eng; Kiemenspalten weit; Rücken-, Schwanz- und Afterflosse nicht gesondert; Haut mit verkümmerten Schuppen.

1. ANGUILLA *vulgaris* Flem. Aal.

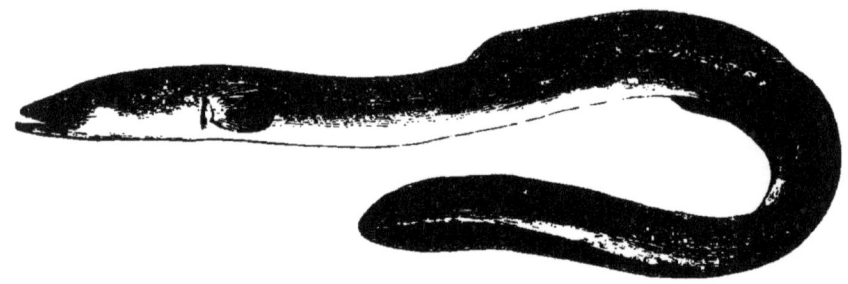

A. mala inferiore longiore, trunco cylindrico, cauda compressa. B 10 P 19 D + C + A 1100.

Muraena unicolor, maxilla inferiore longiore. Artedi g. pisc. 24 n. 1. syn. pisc. 39. sp. pisc. 66; 1738.

Conger 6. Klein pisc. 3, 27; 1742.

Muraena *anguilla* Linné f. suec. 108; 1761. syst. nat. 426; 1766. Bloch Fische Deutschl. 3, 6 t. 73; 1785. Meidinger pisc. austr., t. 31; 1790. Lacepède poiss. 2, 226; 1800.

Anguilla *vulgaris* Fleming brit. an. 199; 1828. Günther Fische d. Neckars 128; 1853. Siebold Fische Mitteleur. 342; 1863. Günther fish. 8, 28; 1870. Benecke Fische Preuss 173; 1881.

Anguilla *fluviatilis* Agassiz. Heckel u. Kner Fische Östr. 319; 1858.

Anguilla *eurystoma* Heckel u. Kner Fische Östr. 325; 1858.

60—100 cm. Leib walzig, hinten zusammengedrückt. Schnauze spitz oder stumpf. Unterkinnlade vorstehend. Vordere Nasenlöcher röhrenförmig. Augen klein, über den Mundwinkeln. Kiemenöffnung eng, vor der Brustflosse. Schuppen sehr klein, nicht deckend, zickzackförmig geordnet, tief in der Haut eingelagert. Brustflossen rundlich. Schwimmblase lang, walzig. Rücken dunkelblau oder schwarzgrün; Seiten heller; Bauch weiss.

Laichgeschäft im Meere. Eier 0,1 mm gross. Ein Teil der ausgeschlüpften Brut steigt im Frühjahre in den Flüssen hinauf und entwickelt sich zu Weibern, die, nachdem sie geschlechtsreif geworden, in das Meer zurückwandern, um mit den immer im Meere verbleibenden Männern zusammenzutreffen. Nach dem Ablaichen kehren sie nicht in das Süsswasser zurück.

Nahrung: Krebse zur Zeit der Häutung, Insekten, Würmer, Schnecken, Muscheln, junge Fische, Fischeier.

Schmarotzer: N Ascaris labiata R. i, Cucullanus elegans Z. v. i, Filaria solitaria Ldy. m, denticulata R. v, quadrituberculata Ldy., conura Lw., echinata Lw., Nematoxys tenerrimus Lw., Ichthyonema sanguineum R, Nematoideum muraenae anguillae R. i. ph, Trichina anguillae Bowm. m, E Echinorynchus globulosus R. i., tuberosus R. i. angustatus R. i. proteus W. i, propinquus Duj, lateralis Mol., T Distomum inflatum Mol. v. i, bergense Ols. i, globiporum R. i, polymorphum R. i, appendiculatum R. v. i. angulatum Duj. i, commune Ols. i. fasciatum R. i, rufoviride R. v, varicum Z. v, ventricosum R., grandiporum R., simplex R., Gastrostomum fimbriatum Sb. i. C Taenia macrocephala Cr. i, hemisphaerica Mol. i. Bothriocephalus claviceps R. i. **Cp** Ergasilus gibbus Ndm. b.

In Flüssen und Seen. Fehlt dem Donaugebiete, sonst allgemein verbreitet.

4. F. **CLUPEIDAE** Bonaparte distr. met. vert.; 1831.

Cirri nulli. Caput nudum, corpus squamosum. Malae superioris margo ossibus intermaxillaribus et supramaxillaribus constans. Spiraculum amplum. Physa simplex. Pinna adiposa nulla.

Mund ohne Barteln. Kopf nackt, Körper beschuppt. Rand der Oberkinnlade von Zwischenkiefer und Oberkiefer gebildet. Kiemenöffnung sehr weit. Schwimmblase einfach. Keine Fettflosse.

1. G CLUPEA Artedi g. pisc. 6; 1738.

Mala superior non prominens. Abdomen carinatum serratum. Oberkinnlade nicht vorspringend. Körper seitlich zusammengedrückt mit gesägter Bauchkante.

1. CLUPEA *alosa* L. Alse, Perpel, Finte, Maifisch.

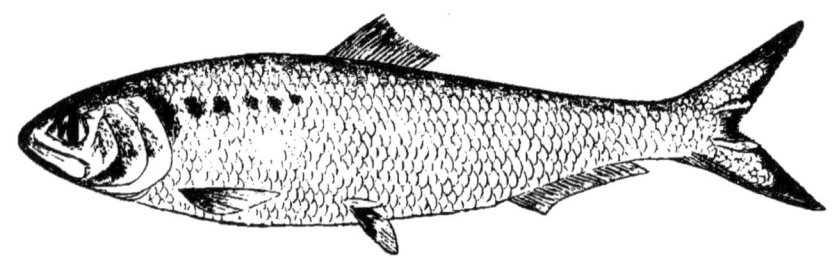

C. palato edentulo, oculis palpebratis, operculo radiato, arcubus branchialibus intus pectinatis.

B 8 D 4—5/15—16 P 1/14—15 V 1 8 A 3/20—24 C 19 Sq 8—10/48—55/10—12.

CLUPEA apice maxillae superioris bifido, maculis nigris utrinque. Artedi g. pisc. 7 u. 3. syn. pisc. 15. sp. pisc. 34: 1738.

HARENGUS 6. Klein pisc. 5, 72 t. 19 f. 4; 1749.

CLUPEA *alosa* Linné syst. nat. 523; 1766. Bloch Fische Deutschl. 1, 266 t. 30 f. 1; 1783. Lacepède poiss. 5, 447; 1803. Günther Fische d. Neckars 121; 1853. fish. 7, 433; 1868.

CLUPEA *rufa* Lacepède poiss. 5, 452; 1803.

CLUPEA *finta* Cuvier règne animal 2, 320; 1829. Günther fish. 7, 435; 1868.

ALOSA *finta* Yarrel brit. fish. 2, 208; 1841. Siebold Fische Mitteleur. 332; 1863. Benecke Fische Preuss. 167; 1881.

ALOSA *vulgaris* Valenciennes poiss. 20, 391 t. 604; 1847. Heckel u. Kner Fische Östr. 228; 1858. Siebold Fische Mitteleur. 328; 1863.

CLUPEIDAE.

30—70 cm. Mundspalte bis hinter die Augen reichend. Mundränder schneidend, der obere mit kleinen, spitzen, leicht ausfallenden Zähnen. Unterkiefer am Kinnwinkel stark verdickt, in einen Ausschnitt der oberen Kinnlade eingreifend. Augen vorne und hinten von einem halbmondförmigen, knorpelartigen, glashellen Lide bedeckt. Kiemenbögen auf der konkaven Innenseite mit 13—118 kammförmig gestellten Lamellen. Auf der Bauchkante eine Reihe winkelig geknickter Kielschuppen mit langem seitlichen und kürzerem hinteren Fortsatze. Zu beiden Seiten der Schwanzflosse zwei grosse längliche Schuppen mit verästelten Kanälen. Oberseite dunkel olivengrün, Seiten silberfarben mit grüngoldenem Glanze, Bauch weiss. Dicht hinter der Kiemenspalte auf der Schulter ein dunkler Fleck, dahinter bisweilen noch 3—8 kleinere Flecke. Schwanzflosse tief ausgeschnitten.

Laichzeit April bis Juni.

Nahrung: Crustaceen.

Schmarotzer: N Ascaris adunca R. v. i. capsularia D., Agamonema alausae Mol. i, E Echinorynchus subulatus Z. i. T Distomum appendiculatum R. i. v, ventricosum R. i. v. mollissimum Lev., carolinae Stoss., Octoplectanum lanceolatum D. b, Glossocotyle alosae Ben., Ophicotyle fintae Ben., C Bothriocephalus fragilis R. i, Scolex alosae fintae Ben. i.

Nordsee, Ostsee; zum Laichen in die Flüsse aufsteigend.

5. F. **SALMONIDAE** Risso hist. nat. cur. mér., v. 3; 1826.

Cirri nulli. Caput nudum, corpus squamosum. Malae superioris margo ossibus intermaxillaribus et supramaxillaribus constans. Parabranchiae. Abdomen rotundatum Pinna adiposa. Physa simplex.

Mund ohne Barteln. Kopf nackt, Leib beschuppt. Rand der Oberkinnlade von Zwischenkiefer und Oberkiefer gebildet. Nebenkiemen vorhanden. Bauch gerundet. Hinter der Rückenflosse eine kleine Fettflosse. Schwimmblase einfach.

1. G. THYMALLUS Cuvier règne anim. 2, 306; 1829.

Os angustum. Maxillae, vomer, palatum dentata; lingua edentula. Pinna dorsualis longa. Squamae fixae.

Mundspalte eng. Kiefer, Pflugscharbein und Gaumen fein bezahnt: Zunge zahnlos. Rückenflosse lang. Schuppen festsitzend.

1. THYMALLUS *vexillifer* Ag. Äsche.

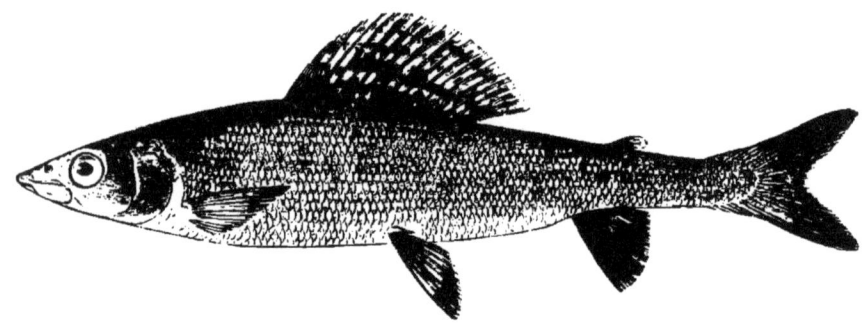

T. mala superiore prominente, dorso antice carinato.

B 9—10 D 5—7/14—17 P 1/14—15 V 1/10 A 3—4/9—10 C 19 Sq 7—8/86 - 88/9—12.

Coregonus maxilla superiore longiore, pinna dorsi ossiculorum 23. Artedi g. pisc. 10 n. 3. syn. pisc. 20. sp. pisc. 41; 1738.

Trutta 15. Klein pisc. 5, 21 t. 4 f. 5; 1749.

Salmo *thymallus* Linné f. suec. 124: 1761. syst. nat. 512; 1766. Bloch Fische Deutschl. 1, 199 t. 24; 1783. Meidinger pisc. austr., t. 33; 1790.

Coregonus *thymallus* Lacepède poiss. 5, 254: 1803.

Thymallus *vulgaris* Nilsson prodr. ichth. scand. 13; 1832. Siebold Fische Mitteleur. 267; 1863. Günther fish. 6, 200; 1866. Benecke Fische Preuss. 153; 1881.

SALMONIDAE.

Thymallus *vexillifer* Agassiz poiss. eur., t. 16. 17. 17 bis; 1839.
Valenciennes poiss. 21. 438; 1848. Heckel u. Kner Fische Oestr.
242; 1858.
Thymallus *gymnothorax* Valenciennes poiss. 21, 445 t. 625; 1848.
Günther Fische d. Neckars 117; 1853.

20—40 cm. Mund halbunterständig. Vorderrücken scharfkantig.
An Brust und Kehle beiderseits der Mittellinie schuppenlose Stellen.
Rückenflosse lang und sehr hoch. Kopf oben bräunlich, an den
Seiten gelblich, schwarz gefleckt. Rücken grünlichbraun, Seiten
heller, Bauch silberglänzend; Oberseite schwarzbraun gefleckt und
punktiert, Seiten mit bräunlichen Längsstreifen. Paarige Flossen
gelbrötlich, unpaare bräunlichrot; Rückenflosse mit 3—4 schwärzlichen
Fleckenbinden, zur Laichzeit violet mit purpurrotem Spiegel.
Laichzeit März bis Mai. Eier 4 mm gross, gelblich oder rötlich,
auf Kiesboden an seichten Stellen mit starker Strömung.

Nahrung: Würmer, Mollusken, Insekten, Fischlaich.

Schmarotzer: N Ascaris dentata R. i. thymalli Lw., Ancyra-
canthus cystidicola R. oes, Gordius aquaticus Gm. i, E Echinoryn-
chus proteus W. i, fusiformis Z. i, T Distomum folium Olf, laurea-
tum Z. i, varicum Z. i, tereticolle R., Octobothrium sagittatum Ols.,
C Taenia longicollis R. i. h, Triaenophorus nodulosus R app. pyl., h,
Bothriocephalus infundibuliformis R. i, latus L.

In klaren, schattigen Bächen und Flüssen. Verbreitet.

2. G. COREGONUS Artedi g. pisc. 9; 1738.

Os angustum. Dentes minutissimi aut nulli. Pinna dorsnalis brevis. Squamae caducae.

Mundspalte eng. Zähne sehr klein oder fehlend. Rückenflosse kurz. Schuppen lose sitzend.

1. COREGONUS *albula* Cp. Kleine Maräne.

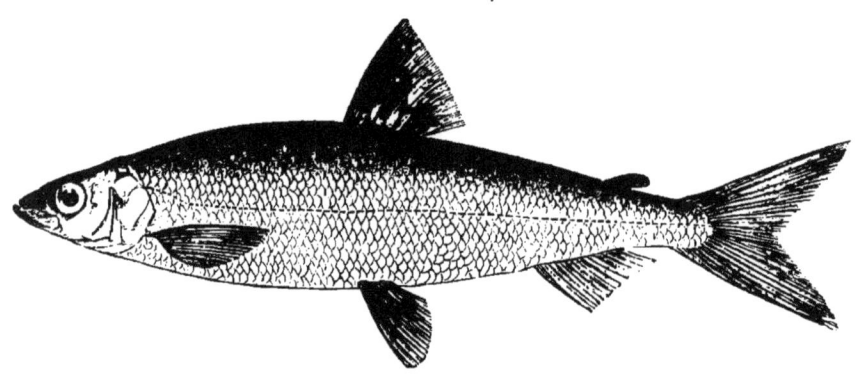

C. ore supero.

B 8 D 4/8—9 P 1/14—15 V 2/10 A 4/11—12 C 19 Sq 7—9, 82—88/8—10.

Coregonus edentulus, maxilla inferiore longiore. Artedi g. pisc. 9. syn. pisc. 18. sp. pisc. 40: 1738.

Trutta 16. Klein pisc. 5, 21 t. 6 f. 2; 1749.

Salmo *albula* Linné f. suec. 124; 1761. syst. nat. 512; 1766.

Salmo *maraenula* Bloch Fische Deutschl. 1, 222 t. 28 f. 3; 1783.

Coregonus *albula* Lacepède poiss. 5, 261; 1803. Valenciennes poiss. 21, 520 t. 633; 1848. Siebold Fische Mitteleur. 265; 1863. Günther fish. 6, 192; 1866. Benecke Fische Preuss. 152; 1881.

Coregonus *maraenula* Lacepède poiss. 5, 262; 1803.

12—35 cm. Unterkiefer vorstehend; Kinn schwach verdickt, in einen seichten Ausschnitt des Zwischenkiefers passend. Seitenlinie an der Schulter herabsteigend, von der Brustflosse bis zum Schwanze geradlinig. Rücken blaugrün; Seiten und Bauch silberglänzend; Rücken-, Fett- und Schwanzflosse grau, die übrigen Flossen farblos.

Laichzeit November, Dezember. Etwa 10000 ungefähr 2 mm grosse Eier werden in einiger Entfernung vom Ufer ins Wasser fallen gelassen.

Nahrung: Crustaceen, Würmer, Fischbrut.

Schmarotzer: N Ascaris albulae R. v, T Monostomum maraenulae R. v, C Taenia longicollis R. i. h, Ligula digramma Cr. a.

In den Seen der baltischen Seenplatte.

2. COREGONUS *wartmanni* Cp. Renke, Blaufelchen.

C. ore truncato, cauda tenui.

D 4/10–11 P 1/14–15 V 2/10–11 A 4/11–12 C 19 Sq 9–10/83–95/8–9.

SALMO *wartmanni* Bloch Fische Deutschl. 3, 203 t. 105; 1785.
SALMO *lavaretus* Meidinger pisc. austr., t. 34; 1790.
COREGONUS *wartmanni* Lacepède poiss. 5, 262; 1803. Rapp Fische d. Bodensees 12 t. 1; 1854. Heckel u. Kner Fische Östr. 235; 1858. Siebold Fische Mitteleur. 243; 1863. Günther fish. 6, 187; 1866.
COREGONUS *lavaretus* Valenciennes poiss. 21, 466 t. 627; 1848.
COREGONUS *palea* Valenciennes poiss. 21, 477 t. 628; 1848.
COREGONUS *reisingeri* Valenciennes poiss. 21, 496; 1848.
COREGONUS *macrophthalmus* Nüsslin Zool. Anz. v. 5 p. 164; 1882.
COREGONUS *sulzeri* Nüsslin Zool. Anz. v. 5 p. 253; 1882.
COREGONUS *steindachneri* Nüsslin Zool. Anz. v. 5 p. 279; 1882.

20–65 cm. Schnauze gestreckt, senkrecht abgestutzt. Schwanz schlank. Rücken und Flossen schwarzblau; Seiten und Bauch silberglänzend.

Laichzeit November, Dezember.

Schmarotzer: N Ascaris obtusocaudata R. v. app. pyl., E Echinorynchus proteus W. i, T Discocotyle hirundinacea D. h, Distomum varicum Z. v, Trematodum salmonis lavareti F. v. C Taenia longicollis R. i. h, Ligula digramma Cr. a.

In den grösseren Seen auf der Nordseite der Alpen. R Züricher, Zuger, Vierwaldstädter, Brienzer, Tuner, Hallwyler, Sempacher, Neuenburger See; Bodensee; D Riegsee, Staffelsee, Ammersee, Starenberger See, Chiemsee, Tegernsee, Kochelsee, Walchensee, Eibsee, Traunsee, Attersee, Mondsee, St. Wolfgangsee, Hallstädter See, Fuschelsee, Achensee, Plansee, Wörter, Faaker, Keutschacher See.

3. COREGONUS *hiemalis* Jur. Kilch, Kropffelchen.

C. ore semiinfero, cervice convexa.

D 4/9–13 P 1/15–16 V 2/10–11 A 4/9–13 C 19 Sq 8–9/78–90/8–9.

C. *hiemalis* Jurine poiss. du lac léman. Mém. Soc. Phys. et

Hist. Nat. Genève 3, 200 t. 8; 1825. Siebold Fische Mitteleur. 254 t. 2; 1863. · Günther fish. 6, 183; 1866.
C. *acronius* Rapp Fische des Bodensees 22; 1854. Heckel u. Kner Fische Östr. 240; 1858.

20—35 cm. Mund halb unterständig. Nacken stark gewölbt. Rücken braungelb; Seiten und Bauch mattsilberig; Flossen farblos. Laichzeit September, Oktober.

Im Bodensee und Ammersee in grosser Tiefe.

4. COREGONUS *lavaretus* Cp. Maräne, Sandfelchen, Bodenrenke.

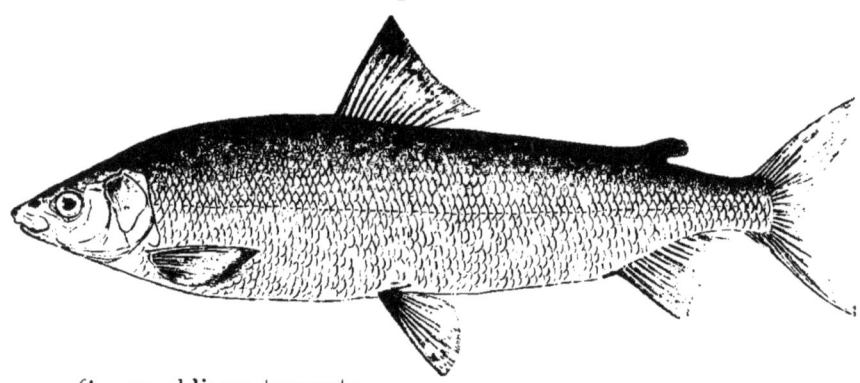

C. ore oblique truncato.

D 3—4 10—12 P 1—2/15—17 V 1—2/9—11 A 1—4/10—12 C 19 Sq 9—11/80—98/8—10.

COREGONUS maxilla superiore longiore plana, pinna dorsi ossiculorum 14. Artedi g. pisc. 10 n. 2. syn. pisc. 19. sp. pisc. 37; 1738.
TRUTTA 13. Klein pisc. 5, 20 t. 6 f. 1; 1749.
SALMO *lavaretus* Linné f. suec. 124; 1761. syst. nat. 512; 1766.
SALMO *maraena* Bloch Fische Deutschl. 1, 216 t. 27; 1783.
COREGONUS *lavaretus* Lacepède poiss. 5, 245; 1803. Günther fish. 6, 178; 1866. Benecke Fische Preuss. 150; 1881.
COREGONUS *maraena* Lacepède poiss. 5, 262; 1803. Valenciennes poiss. 21, 481 t. 629; 1848. Siebold Fische Mitteleur. 263; 1863. Benecke Fische Preuss. 149; 1881.
COREGONUS *fera* Jurine poiss. du lac léman. Mém. Soc. Ph. et. Hist. Nat. Genève 3, 190 t. 7; 1825. Valenciennes poiss. 21, 472; 1848. Heckel u. Kner Fische Östr. 238; 1858. Siebold Fische Mitteleur. 251; 1863.

30—60 cm. Schnauze kurz, dick, schräg nach unten und hinten abgestutzt. Fettflosse über der Afterflosse.

SALMONIDAE.

Laichzeit November, Dezember. 20--50000 etwa 3 mm grosse, kugelige, nicht klebende Eier in flachem Wasser.

Nahrung: Muscheln, Schnecken, Crustaceen, Insektenlarven, Fischeier.

Schmarotzer: Cercariaeum coregoni ferae Chav., Cyathocephalus truncatus P., Taenia cyclops Lw. i, longicollis R., ocellata R., torulosa Batsch. Bothriocephalus infundibuliformis R, Triaenophorus nodulosus R.

Ostsee; Selenter See in Holstein; O Madnisee; E Schallsee in Lauenburg: R Neuenburger, Murtener, Sempacher, Hallwyler, Vierwaldstädter, Zuger, Züricher See, Bodensee: D Würmsee, Schliersee

5. COREGONUS *generosus* Pt. Edelmaräne

'C. capite lato, rostro ad perpendiculum truncato mandibulam paulo superante; margine operculi inferiore longiore; mandibula caudae altitudine longiore; pinnae dorsualis initio magis a rostro quam ab adiposa distante; basi pinnae ventralis radio dorsuali ramoso tertio opposita; argentinus, capite supra basique pinnae dorsualis nigro maculatis.'

B 8—10 D 4/9—11 P 1/13—15 V 2/10—11 A 4/12—15 C 9,17,8 S$_q$ 10—11 94—105/9—10 Vertebrae 61 App. pyl. 139—174.

Peters Monatsb. Ak. W. Berlin, 14. Dec. 1874, p. 791. Stenzel Circ. D F.-V. 1875, p. 382. Friedel Wirbelt. Brdb. 11; 1886.

37 cm. Schnauze senkrecht abgestutzt. Unterer Rand des Kiemendeckels merklich länger als sein vorderer Rand. Rechenzähne wenig kürzer als die Kiemenstrahlen, auf dem ersten Kiemenbogen etwa 40. Schuppen sehr festsitzend, mehre Reihen derselben über und unter der Seitenlinie während der Laichzeit durch eine mittlere erhabene Längslinie ausgezeichnet. Schwanzflosse gabelförmig. Farbe silberglänzend, auf dem Rücken bläulich. Iris silbern Oberseite des Kopfes schmutzig olivengrün mit zahlreichen kleinen dunklen Flecken. Rückenflosse in der unteren Hälfte mit Längsreihen dunkler Flecken. Der äussere Rand der Brustflossen, die Enden der Bauchflossen, das vordere Ende der Afterflosse und der Rand der Schwanzflosse schwärzlich. Nach Aufbewahrung in Weingeist kommen an den Seiten des Kopfes und Körpers schwarze Punkte zum Vorscheine, die sich besonders am Grunde der Schuppen zusammendrängen.

Laichzeit anfangs Dezember. Eier kugelrund, 2,5 mm im Durchmesser.

O im Pulssee bei Bernstein (Kreis Soldin, Neumark); in mehreren Seen des Kreises Birnbaum (Prov. Posen).

6. COREGONUS *oxyrrhynchus* V. Schnäpel.

C. mala superiore rostrata.

D 4/10 P 1/15—16 V 2/10—11 A 4 10—13 C 19 Sq 9—10/80 — 88 9.

COREGONUS maxilla superiore longiore conica. Artedi g. pisc. 10 n. 4. syn. pisc. 21; 1738.

TRUTTA 14. Klein pisc. 5, 20; 1749.

COREGONUS *oxyrrhynchus* Valenciennes poiss. 21, 488 t. 630; 1848. Siebold Fische Mitteleur. 259; 1863. Günther fish. 6, 173; 1866.

SALMO *oxyrrhynchus* Linné syst. nat. 512; 1766. Lacepède poiss. 5, 263; 1803.

SALMO *lavaretus* Bloch Fische Deutschl. 1, 206 t. 25; 1783.

SALMO *thymallus latus* Bloch Fische Deutschl. 1, 214 t 26; 1783.

40—50 cm. Oberkinnlade die untere weit überragend, in eine kegelförmige weiche Schnauze verlängert. Rücken blau; Seiten silberig.

Laichzeit Oktober, November.

Nahrung: kleine Fische, Fischlaich, Mollusken, Würmer, Insekten.

Schmarotzer: N Ascaris obtusocaudata R. app. pyl., Cucullanus elegans Z. i. Ancyracanthus cystidicola R. oes., E Echinorynchus angustatus R. i, T Distomum appendiculatum R., varicum Z., laureatum Z., conostomum Ols., C Cryptobothrium longicolle Ben. i, Bothriocephalus proboscideus R. i.

In der südöstlichen Nordsee und westlichen Ostsee; zum Laichen die Flüsse hinaufsteigend.

SALMONIDAE

3. G. OSMERUS Artedi g. pisc. 10: 1738.

Os amplum. Maxillae, palatum, pterygoidea, lingua dentata. Squamae caducae.

Mundspalte weit. Kiefer, Gaumen, Flügelbeine, Zunge bezahnt. Schuppen lose.

1. OSMERUS eperlanus Cp. Stint.

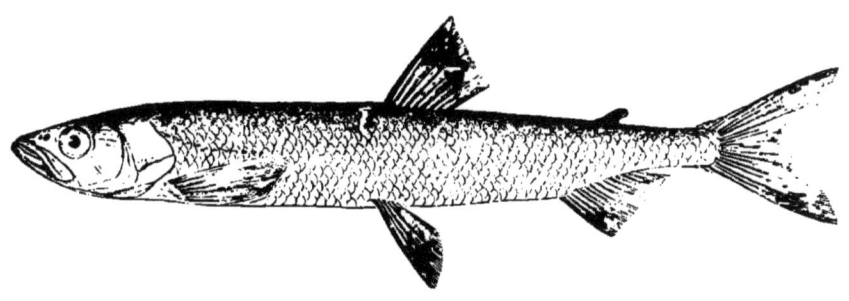

O. mala inferiore longiore, linea laterali brevi.

B 7—8 D 3/7—8 P 1/9— 10 V 2/7 A 3/11—13 C 19.

OSMERUS radiis pinnae ani 17. Artedi g pisc. 10 n. 1. syn. pisc. 21. sp. pisc. 45; 1738.

TRUTTA 11. 12. Klein pisc. 5, 20 t. 4 f. 2. 3. 4; 1749.

SALMO eperlanus Linné f. suec. 123; 1761. syst. nat. 511; 1766. Bloch Fische Deutschl. 1, 226 t. 28 f. 2; 1783.

SALMO eperlano-marinus Bloch Fische Deutschl. 1, 229 t. 28 f. 1; 1783.

OSMERUS eperlanus Lacepède poiss. 5, 231; 1803. Valenciennes poiss. 21, 371 t. 620; 1848. Siebold Fische Mitteleur. 271; 1863. Günther fish. 6, 166; 1866. Benecke Fische Preuss. 155; 1881.

OSMERUS spirinchus Pallas zoogr. rosso-as. 3, 387; 1831. Valenciennes poiss. 21, 387; 1848.

8—30 cm. Leib gestreckt, zusammengedrückt, Rücken ziemlich gerade. Mund bis unter den hinteren Augenrand gespalten. Unterkiefer vorragend, mit einer äusseren Reihe kleinerer, einer inneren grösserer Zähne. Zähne des Oberkiefers klein, die am Pflugscharbeine und der Zungenspitze am grössten. Schuppen queroval, zart, ohne Silberglanz, lose sitzend. Seitenlinie auf die ersten 8—10 Schuppen beschränkt. Körper durchscheinend. Rücken licht blaugrün; Seiten und Bauch gelblich. An den Seiten ein blaugrüner glänzender Längsstreif. Bauchfell silberfarbig mit schwarzen Punkten.

Laichzeit März, April. Eier 0,6—0,8 mm gross.
Nahrung: Würmer, Garnelen, Fischbrut.
Schmarotzer: N Ascaris hirsuta Ben. i, osmeri Lw., eperlani R., Ichthyonema sanguineum R., Cucullanus elegans Z. i, Ancyracanthus impar Sd. ph, Agamonema bicolor D. pt, Nematoideum salmonis eperlani R. ph. h. test, salmonis spirinchi R. ph. E Echinorynchus proteus W i, eperlani R. a. i. T Distomum rufoviride R. i, microphyllum Ben. i, macrobothrium Ben. i, tectum Lw. i, Monostomum gracile R. a, Tetracotyle ovata Lw. pt, C Taenia longicollis R. i. h, eperlani Ach. a, Cryptobothrium longicolle Ben. i, Bothriocephalus osmeri Lw.

Nordsee; Ostsee; masurische Seen; Kellersee, gr. Eutiner, Diek-, Beler-, Suhrer See in Holstein; E Ruppiner See, Havel-Seen bei Brandenburg und Potsdam; Ems Zwischenauer See.

4. G. SALMO Artedi g. pisc. 11; 1738.

Os amplum. Maxillae, palatina, vomer, lingua dentata; pterygoidea edentula. Squamae parvae.

Mundspalte weit. Kiefer, Gaumenbeine, Pflugscharbein und Zunge mit kräftigen, kegelförmigen Zähnen; Flügelbeine zahnlos. Schuppen klein.

1. S. *TRUTTA* Klein pisc. 5, 16; 1749.

Vomer petiolo elongato dentato.
Pflugscharbein mit langem, bezahntem Stiele.

1. SALMO *fario* L. Forelle.

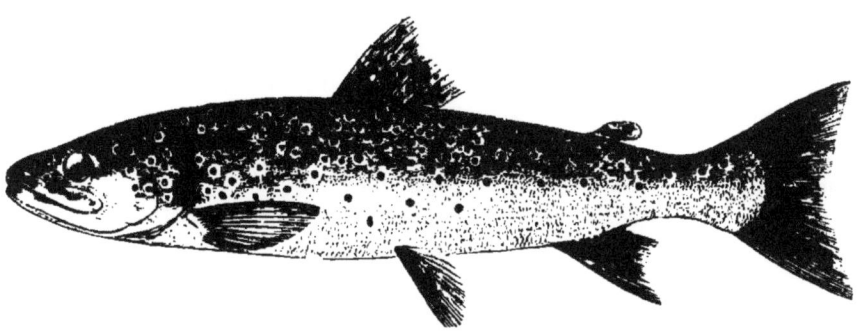

S rostro brevi obtuso, vomeris lamina triangulari postice dentata, petiolo elongato ecarinato dentium ordinibus 2.

B 9—10 D 3—4/9—10 P 1/12 V 1/8 A 3/7—8 C 17—19 Sq 20—24 110—120,20—22.

Salmo maxilla inferiore paulo longiore, maculis rubris. Artedi g. pisc. 12 n. 5. syn. pisc. 23 n. 3. sp. pisc. 51 n. 4; 1738.

Trutta 9. Klein pisc. 5, 19 t. 5 f. 3; 1749.

Salmo *fario* Linné f. succ. 122; 1761. syst. nat. 509; 1766. Bloch Fische Deutschl. 1, 188 t. 22. 23; 1783. Meidinger pisc. austr., t. 20; 1786. t. 46; 1794. Agassiz poiss. eur., t. 3. 3a. 3b. 4. 4b. 5; 1839. Günther Fische d Neckars 113; 1853. fish. 6, 59; 1866.

Salmo *alpinus* Bloch Fische Deutschl. 3, 200 t. 104; 1785.

Salmo *trutta* Lacepède poiss. 5, 189; 1803.

Salmo *punctatus* Cuvier règne animal 2, 304; 1829.

Salar *ausonii* Valenciennes poiss. 21, 319 t. 618; 1848. Heckel u. Kner Fische Östr. 248; 1858.

Trutta *fario* Siebold Fische Mitteleur. 319; 1863. Benecke Fische Preuss. 162; 1881.

20—30 cm. Schnauze kurz, abgestumpft. Platte des Pflugscharbeins dreieckig, am Hinterrande mit 4—5 Zähnen. Stiel des Pflugscharbeins flach ausgehöhlt, mit 2 Zahnreihen. Schwanzflosse in der Jugend ausgerandet, später abgestutzt. Rücken blauschwarz oder dunkel olivengrün; Seiten dunkel messingglänzend; Bauch weiss oder gelblich: Rücken und Seiten mit schwarzen oder roten, oft blaugesäumten Flecken. Brust-, Bauch- und Afterflosse gelblich; Rücken-, Fett- und Schwanzflosse wie der Rücken gefärbt.

Laichzeit Oktober bis Dezember. 500—2000 gelbliche oder rötliche, 4—5 mm grosse Eier an kiesigen Stellen klarer Bäche.

Nahrung: kleine Fische, Würmer, Insekten, Krebse, Tritonen.

Schmarotzer: N Ascaris obtusocaudata R. v. i, Ancyracanthus cystidicola R. ph, impar Sd., Cucullanus globosus Z. i, E Echinorynchus clavaeceps Z. i, globulosus R. i, angustatus R. i, proteus W. i, clavula Duj. i, fusiformis Z. i, linstowii Ham., T Distomum laureatum Z. i, appendiculatum R. v, tereticolle R. i, Placoplectanum sagittatum D. b, C Taenia longicollis R. i, Triaenophorus nodulosus R. app. pyl., Cp Lernaea esocina Brm. c, Argulus foliaceus L. c.

In klaren Bächen und Flüssen mit steinigem Grunde und von Flüssen durchströmten Seen. Verbreitet.

2. SALMO *trutta* L. Seeforelle.

S. rostro brevi obtuso, vomeris lamina triangulari postice dentata, petiolo elongato carina alta dentata.

B 11—13 D 3/9—11 P 1/12—13 V 1/8 A 3/8—9 C 19 Sq 20—24/120—130/18—20.

Salmo latus maculis rubris nigrisque, cauda aequali. Artedi g. pisc. 12 n. 3. syn. pisc. 24 n. 5. sp. pisc. 51 n. 3; 1738.

Trutta 1. Klein pisc. 5, 16 t. 5 f. 1: 1749.

Salmo *trutta* Linné f. succ. 122: 1761. syst. nat. 509; 1766.

SALMONIDAE.

Bloch Fische Deutschl. 1, 181 t. 21; 1783. Meidinger pisc. austr., t. 21; 1788. Agassiz poiss. eur., t. 6. 7. 7a. 8; 1839. Günther fish. 6, 22; 1866.

Salmo *lacustris* Linné syst. nat. 510; 1766. Agassiz poiss. eur., t. 14. 15. 15a; 1839. Günther fish. 6, 83; 1866.

Salmo *goedenii* Bloch Fische Deutschl. 3, 196 t. 102; 1785. Lacepède poiss. 5, 210; 1803.

Salmo *schiefermülleri* Bloch Fische Deutschl. 3, 198 t. 103; 1785. Lacepède poiss. 5, 187; 1803.

Rheinanken Wartmann ap. Bloch Fische Deutschl. 3, 227; 1785.

Salmo *illanken* Lacepède poiss. 5, 182; 1803.

Salmo *trutta-salar* Lacepède poiss. 5, 204; 1803.

Fario *argenteus* Valenciennes poiss. 21, 294 t. 616; 1848.

Fario *lemanus* Valenciennes poiss. 21, 300 t. 617; 1848.

Salar *schiffermülleri* Valenciennes poiss. 21, 344; 1848. Heckel Sitzb. Ak. Wien 8, 349 t. 3 f. 1. 2. 3; 1851. Heckel u. Kner Fische Östr. 261; 1858.

Fario *marsiglii* Heckel Sitzb. Ak. Wien 8, 348 t. 3 f. 6. 7. 8; 1851. Heckel u. Kner Fische Östr. 267; 1858.

Salar *lacustris* Heckel u. Kner Fische Östr. 265; 1858.

Trutta *lacustris* Siebold Fische Mitteleur. 301; 1863.

Trutta *trutta* Siebold Fische Mitteleur. 314; 1863. Benecke Fische Preuss. 161; 1881.

Salmo *rappii* Günther fish. 6, 82; 1866.

Salmo *marsilii* Günther fish. 6, 84; 1866.

50—60 cm. Schnauze kurz, abgestumpft. Mann zur Laichzeit oft mit Unterkieferhaken. Platte des Pflugscharbeins dreieckig, am Hinterrande mit 3—4 Zähnen. Stiel des Pflugscharbeins lang, mit einer hohen, 1—2reihig bezahnten Längsleiste. Schwanzflosse in der Jugend ausgeschnitten, später abgestutzt. Rücken blaugrau; Seiten und Bauch silberglänzend, meist mit zerstreuten schwarzen Flecken; Rücken-, Fett- und Schwanzflosse grauschwarz; Brust-, Bauch- und Afterflosse ungefärbt.

Laichzeit Oktober bis Dezember.

Nahrung: Amphipoden, Fische.

Schmarotzer: N Ascaris acus Bl. i, clavata R. i, obtnsocaudata R. v. i, dentata R. i, Cucullanus globulosus Z. i, elegans Z., E Echinorynchus proteus W. i, fusiformis Z. i, T Distomum laureatum Z i, tereticolle R. v. appendiculatum R. v. folium Olf., truttae Moul. cav. orbit., C Triaenophorus nodulosus R. m. Taenia longicollis R. i,

Cyathocephalus truncatus P. app. pyl., Bothriocephalus proboscideus R. i, infundibuliformis R. i, latus L., Cp Caligus rapax Edw. b.

Nordsee, Ostsee, zum Laichen in die Flüsse aufsteigend; als Standfisch in Alpenseen: R Bodensee; D Ammersee, Würmsee, Tegernsee, Schliersee, Chiemsee, Walchensee, Königsee.

3. SALMO *salar* L. Lachs, Salm.

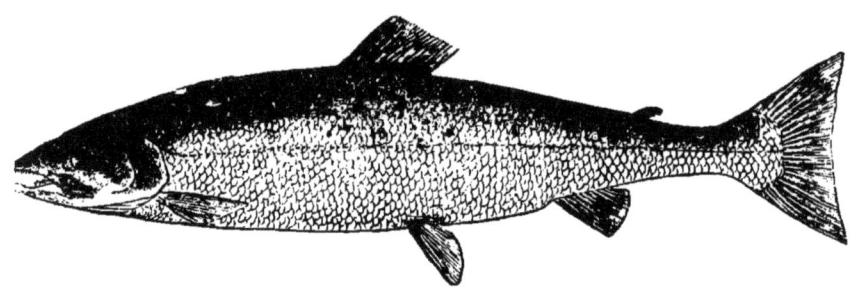

S. rostro producto angusto, vomeris lamina quinquangulari inermi, petiolo elongato carina humili uniseriatim dentata.

B 11—12 D 3—4/9—11 P 1/13 V 1/8 A 3/7—8 C 19 Sq 25—26/120—130, 18.

SALMO rostro ultra inferiorem maxillam saepe prominente. Artedi g. pisc. 11. syn. pisc. 22. sp. pisc. 48: 1738.

TRUTTA 2. Klein pisc. 5, 17 t. 5 f. 2; 1749.

SALMO *salar* Linné f. suec. 121; 1761. syst. nat. 509; 1766. Bloch Fische Deutschl. 1, 162 t. 20; 1783. 3, 185 t. 98; 1785. Lacepède poiss. 5, 159; 1803 Agassiz poiss. eur., t. 1. 1a. 1b. 2; 1839. Günther Fische d. Neckars 111; 1853. Heckel u. Kner Fische Östr. 273; 1858. Günther fish. 6, 11. 356; 1866.

SALMO *hamatus* Cuvier règne animal 2, 303; 1829. Valenciennes poiss. 21, 212 t. 615; 1848.

SALMO *salmo* Valenciennes poiss. 21, 169 t. 614; 1848.

TRUTTA *salar* Siebold Fische Mitteleur. 292; 1863. Benecke Fische Preuss. 157; 1881.

1 m. Schnauze schmächtig, gestreckt, beim laichreifen Manne mit Unterkieferhaken. Platte des Pflugscharbeins fünfeckig, zahnlos. Stiel des Pflugscharbeins lang, mit einer niedrigen, einreihig bezahnten Längsleiste. Schwanzflosse in der Jugend ausgerandet, später abgestutzt. Rücken graublau oder schwarzblau; Seiten heller; Bauch silberweiss. Oberseite mit zerstreuten schwarzen Flecken. Zur Laichzeit die Haut auf Rücken und Flossen schwartig verdickt.

Laichzeit September bis November. 10—20000 orangerote, 6 mm grosse Eier auf kiesigem Grunde der Flüsse.
Nahrung: Tiere aller Art, besonders Fische.
Schmarotzer: N Ascaris clavata R. i. pt, capsularia D. i. a, Agamonema capsularium D. pt, commune D., Cucullanus elegans Z. i, E Echinorynchus proteus W. i, pachysomus Cr. v. T Distomum varicum Z. v. ocreatum R. v. appendiculatum R. i. reflexum Cr. v. miescheri Zsch., C Stenobothrium appendiculatum D. h, Schistocephalus dimorphus Cr. v, Bothriocephalus cordiceps Ldy. i, proboscideus R. app. pyl. Tetrabothrium minimum Lw., Tetrarynchus grossus R. i, solidus Dr. i. pt, Cp Argulus foliaceus L. c.

In der Nordsee und Ostsee; steigt zum Laichen im Sommer die Flüsse hinauf.

2. S. *EPITOMYNIS*[1]) Schulze pisc. germ. 38; 1890.
Vomer brevis, petiolo edentulo.
Pflugscharbein kurz, mit zahnlosem Stiele.

4. SALMO *hucho* L. Huch.

S. subteres; vomeris lamina postice ordine 5—7 dentium transverso, petiolo planiusculo utrinque carinato; osse linguali medio edentulo.

D 4/9—10 P 1/14—16 V 1 8—9 A 4—5/7—9 C 19.

S. oblongus, duabus dentium lineis in palato, maculis tantummodo nigris. Artedi g. pisc. 12 n. 6. syn. pisc. 25 n. 8; 1738.
S. *hucho* Linné syst. nat. 510; 1766. Bloch Fische Deutschl. 3. 193 t. 100; 1785. Meidinger pisc. austr., t. 45; 1794. Lacepède poiss. 5, 210; 1803. Agassiz poiss. eur., t. 12. 13. 13a; 1839. Valenciennes poiss. 21. 226; 1848. Heckel u. Kner Fische Östr. 277; 1858. Siebold Fische Mitteleur. 288; 1863. Günther fish. 6, 140; 1866.

1—2 m. Leib fast walzig. Auf der Pflugscharplatte hinten 5—7 Zähne quer; Stiel fast flach, mit einer starken Mittelleiste auf der oberen und einer kurzen dünnen auf der unteren Seite. Mittleres Zungenbein zahnlos. Rücken grau oder braun; Seiten heller; Bauch silberweiss. Rücken und Seiten mit schwarzen eckigen Flecken. Flossen weisslich.
Laichzeit April, Mai.

1) ἐπίτομος kurz. ὕνις Pflugschar

Schmarotzer: C Triaenophorus nodulosus R. app. pyl., Bothriocephalus proboscideus R app. pyl, T Distomum tereticolle R. v. E Echinorynchus clavaeceps Z. i, proteus W. i, N Cucullanus globosus R. i.

In der Donau und ihren aus den Alpen kommenden Nebenflüssen.

5. SALMO *salvelinus* L. Saibling.

S. compressiusculus; vomeris lamina postice ordine 5–7 dentium angulato, petiolo concavo; osse linguali antico grosse dentato, medio minute dentato.

D 3/9--10 P 1/12—14 V 1/8 A 3/8—9 C 19.

Salmo pedalis, maxilla superiore longiore. Artedi g. pisc. 13 n. 10. syn. pisc. 26 n. 11; 1738.

Trutta 3. Klein pisc. 5, 18; 1749.

Salmo *salvelinus* Linné syst. nat. 511; 1766. Bloch Fische Deutschl. 3. 189 t. 99; 1785. Meidinger pisc. austr., t. 22; 1788. Lacepède poiss. 5. 211; 1803. Valenciennes poiss. 21, 246; 1848. Heckel u. Kner Fische Östr. 280; 1858. Siebold Fische Mitteleur. 280; 1863. Günther fish 6, 126; 1866.

Salmo *alpinus* Linné f. suec. 122; 1761. syst. nat. 510; 1766. Schrank Schr. berl Ges ntf. Fr. 2, 297; 1781. Meidinger pisc. austr., t. 19; 1786. Lacepède poiss. 5, 203; 1803. Valenciennes poiss. 21, 249; 1848. Günther fish. 6, 127; 1866.

Salmo *umbla* Linné syst. nat. 512; 1766. Bloch Fische Deutschl. 3, 195 t 101; 1785. Lacepède poiss. 5, 212; 1803. Agassiz poiss. eur., t. 9. 10. 10a 11; 1839. Valenciennes poiss. 21, 233; 1848. Heckel u. Kner Fische Östr. 285; 1858. Günther fish. 6, 125; 1866.

15—60 cm. Leib etwas seitlich zusammengedrückt. Auf der Pflugscharplatte hinten 5—7 gekrümmte Zähne, in der Jugend oft quer, im Alter stets im Dreieck; Stiel seitlich zusammengedrückt, tief kahnförmig ausgehöhlt. Vorderes Zungenbein grob bezahnt; auf dem mittleren eine kleinbezahnte längliche Knochenplatte. Rücken blaugrau oder braungrün; Seiten weisslich oder gelblich mit hellen runden Flecken; Bauch orangerot oder gelb; Brust-, Bauch- und Afterflosse gelblich bis orangerot, am Vorderrande milchweiss gesäumt.

Laichzeit Oktober bis Dezember. Eier 4—5 mm gross.

Schmarotzer: N Ascaris truncatula R., E Echinorynchus proteus W. v. T Distomum seriale R. ren., folium Olf, laureatum Z. i, tereticolle R., **C** Taenia longicollis R. i, salmonis umblae Zsch., ocellata R., Triaenophorus nodulosus R. h, Tetrarynchus lotae Ben., Bothriocephalus infundibuliformis D. i, app. pyl., salmonis umblae Köll. i. latus L., Ligula digramma Cr. a.

In klaren Gebirgsseen, in der Tiefe. **R** Vierwaldstädter, Wallenstädter, Züricher, Zuger See, Egerisee, Bodensee; **D** Christsee, Weissensee, Alpsee, Hintersee, Königsee, Würmsee, Ammersee, Tegernsee, Schliersee, Walchensee, Grünsee.

6. F. ESOCIDAE Bonaparte distr. met. vert.; 1831.

Cirri nulli. Malae superioris margo ossibus intermaxillaribus et supramaxillaribus constans. Os dentatum, supramaxillaria edentula. Spiraculum amplum. Pinna dorsualis postica. e regione analis. Pinna adiposa nulla.

Mund ohne Barteln. Rand der Oberkinnlade von Zwischenkiefer und Oberkiefer gebildet. Bezahnung stark. Oberkiefer zahnlos. Kiemenöffnung sehr weit. Rückenflosse auf dem Schwanze über der Afterflosse. Keine Fettflosse.

1. G. ESOX Artedi g. pisc. 14; 1738.

Rostrum depressum, mala inferiore longiore, rictu amplo. Squamae cyclodes minutae fixae. Pinna caudalis emarginata.

Schnauze gestreckt, breit, abgeplattet, mit vorstehendem Unterkiefer; Mundspalte sehr weit. Kleine festsitzende Rundschuppen. Schwanzflosse ausgerandet.

1. ESOX lucius L. Hecht.

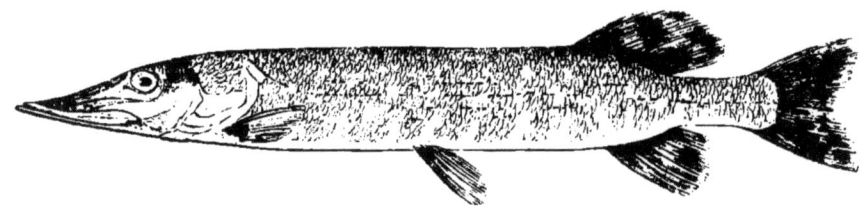

E. trunco aequali, cauda contracta, linea laterali interrupta.

B 12 D 7—8/13—15 P 1/13 V 1/8 A 4—5 12—13 C 19 Sq 14/110 -130/16 -20.

Esox rostro plagioplateo. Artedi g. pisc. 14 n. 1. syn. pisc. 26. sp. pisc. 53; 1738.

Lucius 1. Klein pisc. 5, 74 t. 20 f. 1. 2; 1749.

Esox lucius Linné f. suec. 125; 1761. syst. nat. 516; 1766. Bloch Fische Deutschl. 1, 291 t. 32; 1783. Meidinger pisc. austr. t. 10; 1785. Lacepède poiss. 5, 297; 1803. Valenciennes poiss. 18, 279; 1846. Günther Fische d. Neckars 107; 1853. Heckel u. Kner Fische Östr. 287; 1858. Siebold Fische Mitteleur. 325; 1863. Günther fish. 6, 226; 1866. Benecke Fische Preuss. 165; 1881.

30 cm bis 2 m. Leib gestreckt, mässig zusammengedrückt. Rücken und Bauch fast geradlinig und parallel. Schwanz abgesetzt zusammengezogen. Kopf breit, vorne flach gedrückt, stumpf; Unter-

kiefer vorstehend: Maul bis unter die Augen gespalten. Seitenlinie
unregelmässig unterbrochen und verschoben. Schwanzflosse stumpf-
winkelig ausgeschnitten. Oberseite graugrün oder gelblichgrün;
Rücken dunkler; Seiten heller mit gelblichen Flecken; Bauch weiss
mit schwarzen Punkten.

Laichzeit Februar bis April. Etwa 100000 gelbliche, 3 mm
grosse Eier an flachen, pflanzenbewachsenen Ufern.

Nahrung: Fische, Mäuse, Ratten, junge Wasservögel.

Schmarotzer: N Ascaris mucronata Sk. i, acus Bl. i, adiposa
Sk. a. adeps, cristata Lw. i, capsularia R., Filaria obturans Pr.,
Cucullanus elegans Z. i, E Echinorynchus tuberosus Z. i, angustatus
R. i, proteus W. i, T Distomum folium Olf. ves. ur., tereticolle R. v,
appendiculatum R. v. i, nodulosum Z. i, esocis lucii R. i, campanula
Duj. i, Gyrodactylus elegans Nm. b, Gastrostomum fimbriatum Sb. i,
Tetraonchus monenteron D. b, Tylodelphys clavata D. o, C Triaeno-
phorus nodulosus R. i, Taenia ocellata R., Bothriocephalus infundi-
buliformis R., latus L., Caryophyllaeus mutabilis R., Ligula digramma
Cr. a, Cyathocephalus truncatus P. v, D Piscicola geometra Blv. c.
Cp Ergasilus sieboldii Ndm. b, Lernaeocera esocina Burm. c, Argulus
foliaceus L. c.

In stehenden und ruhig fliessenden Gewässern. Gemein.

7. F. CYPRINIDAE Risso hist. nat. eur. mér., v. 3; 1826.

Corpus squamosum. Malae superioris margo ossibus intermaxillaribus constans. Os edentulum. Ossa faucalia inferiora dentium ordinibus 1—3. Pinna adiposa nulla.

Körper beschuppt. Rand der Oberkinnlade von den Zwischenkiefern gebildet. Mund zahnlos. Auf den unteren Schlundknochen 1—3 Reihen von Zähnen. Keine Fettflosse.

1. G. COBITIS Artedi g. pisc. 2; 1738.

Os cirrosum. Dentes faucales uniseriales. Infra oculos aculeus. Pinna dorsualis super ventralibus. Squamae exiguae. Physa bilocularis, bullâ osseâ inclusa.

Am Munde 6—12 Barteln. Schlundzähne einreihig. Auf den Unteraugenknochen ein Stachel. Rückenflosse den Bauchflossen gegenüber. Schuppen sehr klein. Schwimmblase teilweise von einer mit den Wirbeln zusammenhängenden Knochenkapsel umschlossen, durch eine Längsscheidewand geteilt.

1. COBITIS *taenia* L. Steinpeizger.

C. compressa, ore infero, cirris 6 brevibus in mala superiore, dentibus faucalibus 8—10 gracilibus acutis, aculeis subocularibus furcatis erectilibus, pinna caudali rotundata.

B 3 D 3/7 P 1/6—8 V 1/5 A 3/5 C 15—16.

Cobitis aculeo bifurco infra utrumque oculum. Artedi g. pisc. 2 n. 1. syn. pisc. 3 n. 2. sp. pisc. 4: 1738.

Exchelyopus (pinna dorsali brevi) 4. Klein pisc. 4, 59; 1744.

Cobitis *taenia* Linné f. suec. 120; 1761. syst. nat. 499; 1766. Bloch Fische Deutschl. 1. 280 t. 31 f. 2; 1783. Meidinger pisc. austr., t. 32; 1790. Lacepède poiss. 5, 9; 1803. Valenciennes poiss. 18, 58; 1846. Heckel u. Kner Fische Östr. 303; 1858. Siebold Fische Mitteleur. 338; 1863. Günther fish. 7. 362; 1868. Benecke Fische Preuss. 147; 1881.

Cobitis *elongata* Heckel u. Kner Fische Östr. 305; 1858.

8—12 cm. Leib **gestreckt**, seitlich zusammengedrückt. Mund klein, unterständig, mit 6 sehr kurzen Barteln. Schlundzähne schlank und spitz. Augenstachel beweglich, gabelig. Seitenlinie sehr kurz. Schwanzflosse abgerundet. Beim Manne der zweite Strahl der Brustflosse verdickt. Gelblich; Oberseite schwarzbraun punktiert; auf dem Rücken und auf beiden Seiten je eine Längsreihe brauner Flecken.

Laichzeit April, Mai.

Nahrung: kleine Tiere, modernde Pflanzenstoffe.

Schmarotzer: E Echinorynchus clavaeceps Z. i. T Distomum transversale R. i. Diplostomum cuticola D., C Caryophyllaeus mutabilis R. i, Ligula digramma Cr. a.

In fliessenden und stehenden Gewässern, im Schlamme und Sande wühlend. Verbreitet.

2. COBITIS *barbatula* L. Schmerle, Bartgrundel.

C. antice teres, postice compressiuscula, ore infero, cirris 6 in mala superiore, dentibus faucalibus 8—10 gracilibus acutis, aculeis subocularibus brevibus obtusis subcutaneis, pinna caudali truncata.

B 3 D 3/7 P 1/12 V 1/7 A 3/5 C 18.

Cobitis tota glabra maculosa, corpore subtereti. Artedi g. pisc. 2 n. 2. syn. pisc. 2; 1738.

Enchelyopus (pinna dorsali brevi) 3. Klein pisc. 4, 59 t. 15 f. 4; 1744.

Cobitis *b.* Linné f. suec. 120; 1761. syst. nat. 499; 1766. Bloch Fische Deutschl. 1, 284 t. 31 f. 3; 1783. Meidinger pisc. austr., t. 18; 1786. Lacépède poiss. 5, 8; 1803. Valenciennes poiss. 18, 14 t. 520; 1846. Günther Fische d. Neckars 104; 1853. Heckel u. Kner Fische Östr. 301; 1858. Siebold Fische Mitteleur. 337; 1863. Benecke Fische Preuss. 145; 1881.

Nemachilus *b.* Günther fish. 7, 353; 1868.

10—15 cm. Leib vorne walzig, hinten mässig zusammengedrückt. Mund klein, unterständig, mit 6 ziemlich langen Barteln, wovon 4 kürzere in der Mitte der Oberlippe, 2 längere an den Mundwinkeln stehen. Schlundzähne schlank und spitz. Augenstachel sehr kurz, in einer Hautfalte verborgen. Rücken und Bauch unbeschuppt. Schwanzflosse abgestutzt. Oberseite olivengrün bis schwärzlich; Bauch graugelblich; Seiten mit beiden Farben marmoriert.

Laichzeit April, Mai Eier klein, zahlreich, zwischen Steinen.

Nahrung: Insekten, Würmer, Fischlaich.

Schmarotzer: N Ascaris trigonura D. pt, dentata R. i. h, barbatulae R. i, Gordius aquaticus Gm., tricuspidatus Meissn., subbifurcus Sb., E Echinorynchus proteus W. i, clavaeceps Z. i, linstowii Ham., T Distomum globiporum R., Gyrodactylus elegans Nm. b. p, C Cysticercus cobitidis Bgh., Caryophyllaeus mutabilis R. i, Taenia sagittata Gr. i.

In rasch fliessenden Bächen, an Seeufern mit kiesigem Grunde. Allgemein verbreitet.

3. COBITIS *fossilis* L. Schlammpeizger, Bisgurre.

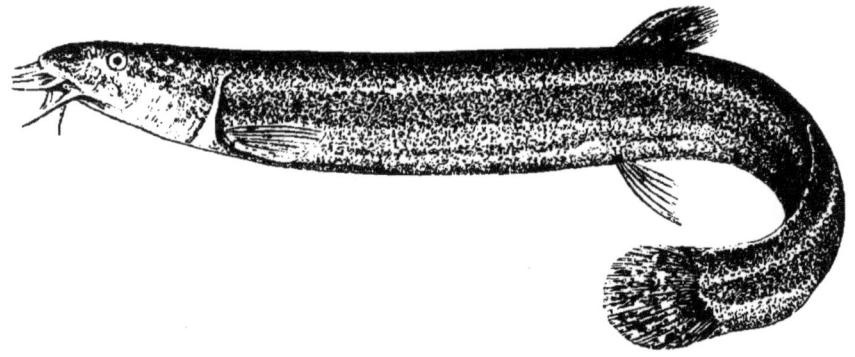

C. antice teres, postice anceps, ore terminali, cirris 6 in mala superiore, 4 in inferiore, dentibus faucalibus 12—14 compressis obtusis, aculeis subocularibus longis subcutaneis, pinna caudali rotundata.

B 4 D 3/5—6 P 1/10 V 1/5 A 3/5 C 16.

COBITIS caerulescens, lineis utrinque 5 nigris longitudinalibus. Artedi g. pisc. 2 n. 3. syn. pisc. 3 n. 3; 1738.

ENCHELYOPUS (pinna dorsali brevi) 1. et 2. Klein pisc. 4, 59 t. 15 f. 3; 1744.

COBITIS *f.* Linné f. succ. 120; 1761. syst. nat. 500; 1766. Bloch Fische Deutschl. 1, 275 t. 31 f. 1; 1783. Meidinger pisc. austr.,

t. 47; 1794. Valenciennes poiss. 18, 46; 1846. Heckel u. Kner Fische Östr. 298; 1858. Siebold Fische Mitteleur. 335; 1863. Benecke Fische Preuss. 143; 1881.

Miscurnus *f.* Lacepède poiss. 5, 17; 1803. Günther fish. 7, 344; 1868.

15—30 cm. Leib lang gestreckt, vorne walzig, hinten zusammengedrückt. Mund klein, endständig, sehr beweglich, mit 10 Barteln, von denen 6 an der Oberlippe, 4 kleinere an der Unterlippe stehen. Haut schleimig. Augenstachel lang, in einer Hautfurche verborgen. Schlundzähne zusammengedrückt. Schwanzflosse abgerundet. Oberseite ledergelb bis dunkelbraun, dunkler gefleckt; an den Seiten eine breite schwarzbraune Längsbinde; Bauch orange.

Laichzeit April bis Juni. Etwa 140000 Eier an Wasserpflanzen.

Nahrung: Insekten, Würmer, Fischlaich.

Schmarotzer: N Ascaris piscicola Lw., Gordius aquaticus Gm. cr, T Distomum transversale R. v, Tylodelphys craniaria D. cr, Tetraonchus cruciatus Wedl. b.

In Gewässern mit schlammigem Grunde. Verbreitet.

CYPRINIDAE.

2. G. PELECYS Agassiz Mém. Soc. Sc. Nat. Neuchâtel 1, 39; 1835.

Cirri nulli. Os superum. Corpus compressum, humile, ventre cultratum. Pinnae pectorales longae; dorsualis brevis; analis longa. Stria lateralis flexuosa. Squamae caducae.

Mund oberständig, ohne Barteln. Leib zusammengedrückt, niedrig. mit scharfer Bauchkante. Brustflossen lang; Rückenflosse kurz; Afterflosse lang. Seitenlinie mit starken Krümmungen. Schuppen leicht abfallend.

1. PELECYS cultratus Ag. Ziege, Sichling.

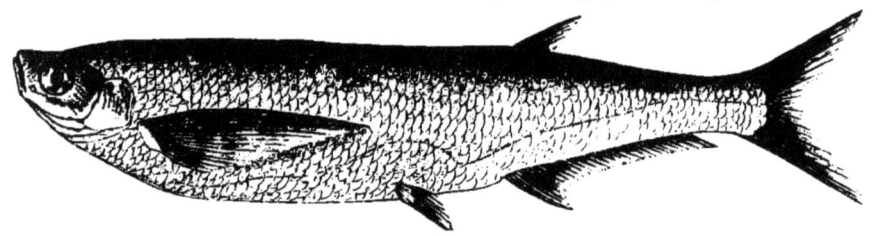

B 3 D 3/7—8 P 1/15 V 2/7 A 3/26—29 C 19 Sq 14—15/100—108/5—6 Df 2.5—5.2.

Leucus 2. et 3. Klein pisc. 5, 74 t. 20 f. 3; 1749.

Cyprinus c. Linné f. succ. 130; 1761. syst. nat. 531; 1766. Bloch Fische Deutschl. 1, 327 t. 37; 1783. Meidinger pisc. austr., t. 25; 1788. Lacepède poiss. 5, 592; 1803.

Pelecus c. Agassiz Mém. Soc. Sc. Nat. Neuchâtel 1, 39; 1835. Heckel u. Kner Fische Östr. 126; 1858. Siebold Fische Mitteleur. 152; 1863. Günther fish. 7, 330; 1868. Benecke Fische Preuss. 125; 1881.

Leuciscus c. Valenciennes poiss. 17, 330; 1844.

25—35 cm. Leib gestreckt, stark zusammengedrückt. Rücken gerundet, fast gerade. Bauch messerartig scharf, weich, stark gewölbt. Mundspalte steil aufwärts gerichtet. Kinn verdickt, in einen Ausschnitt des Zwischenkiefers eingreifend. Brustflossen lang, spitz, sichelförmig. Schwanzflosse gabelig. Schuppen lose. Seitenlinie wellenförmig gebogen. Oberseite blau oder grünlich; Seiten rötlich silberfarben; Brust-, Rücken- und Schwanzflosse graulich, Bauch- und Afterflosse gelblich oder rötlich.

Laichzeit Mai bis Juli. Etwa 100000 Eier an Pflanzen.

Nahrung: Würmer, ? Stichlinge.

Schmarotzer: N Ancyracanthus denudatus D., C Caryophyllaeus mutabilis R. i.

In den der Ostsee zufliessenden Strömen und der Donau.

CYPRINIDAE.

3. G. LEUCASPIUS Heckel u. Kner Fische Östr. 145; 1858.

Cirri nulli. Os superum. Abdomen inter pinnas ventrales et anum carinatum. Stria lateralis brevis. Squamae caducae. Mund oberständig, ohne Barteln. Bauch zwischen Bauchflossen und After kantig. Seitenlinie unvollständig. Schuppen leicht abfallend.

1. LEUCASPIUS *delineatus* Sb. Moderlieschen.

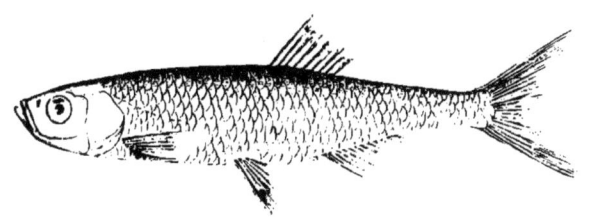

B 3 ¦D 3/8 P 1/13 V 2/8 A 3/11—13 C 19 Sq 7—8/48—50/4 Df 5—4 aut 5—5.

CYPRINUS *aphya* Bloch Fische Deutschl. 3, 180 t. 97 f. 2; 1785.
SQUALIUS *delineatus* Heckel Fische Syr. 51; 1843. Fische Östr. 193; 1858.
LEUCISCUS *stymphalicus* Valenciennes poiss. 17, 295 t. 498; 1844.
ASPIUS *owsianka* Czernay Bull. Soc. Nat. Moscou 23, 2, 634; 1850. 24, 1, 281 t. 7; 24, 3, 259; 1851. Maslowsky Bull. Soc. Nat. Moscou 27, 4, 442—452; 1854.
LEUCASPIUS *abruptus* Heckel u. Kner Fische Östr. 145; 1858.
OWSIANKA *czernayi* Dybowski Cypr. Livl. 147; 1862.
LEUCASPIUS *delineatus* Siebold Fische Mitteleur. 171; 1863. Günther fish. 7, 319; 1868. Benecke Fische Preuss. 131; 1881.

6—10 cm. Leib gestreckt, zusammengedrückt. Bauch zwischen Bauchflossen und After gekielt. Mundspalte steil aufwärts gerichtet. Kinn etwas verdickt, in eine Vertiefung des Zwischenkiefers eingreifend. Schlundzähne meist 5—4, seltener 5—5, zusammengedrückt, gekerbt, an der Spitze umgebogen. Seitenlinie auf die ersten 8—12 Schuppen beschränkt. Schuppen sehr leicht abfallend. Hinter dem After eine aus 3 Wülsten bestehende Geschlechtswarze. Rücken grünlichgelb; Seiten silberglänzend, mit einem stahlblauen Längsstreifen; Flossen farblos, durchscheinend.

Laichzeit April, Mai.

In Seen, Sümpfen, an Flussufern. Kurisches Haff; P Pregel; Wl Spirdingsee, Heubuder See bei Danzig; E Havel; Wr in einem Nebenflüsschen der Oker bei Braunschweig, bei Gifhorn in Torfstichgräben.

4. G. ALBURNUS Heckel ap. Russegger Reisen in Eur., v. 1; 1840.

Cirri nulli. Mentum prominens. Dentes faucales biseriales, extus bini. Pinna dorsualis brevis, aculeo nullo, ventralibus posterior; analis longa. Abdomen inter pinnas ventrales et anum acute carinatum nudum. Squamae caducae.

Mund ohne Barteln. Kinn verdickt, in einen Ausschnitt des Zwischenkiefers passend. Schlundzähne zweireihig, in der äusseren Reihe 2. Rückenflosse kurz, ohne Stachel, hinter den Bauchflossen. Afterflosse lang. Zwischen Bauchflossen und After eine scharfe schuppenlose Bauchkante. Schuppen lose.

1. ALBURNUS *lucidus* H. Ükelei, Laube.

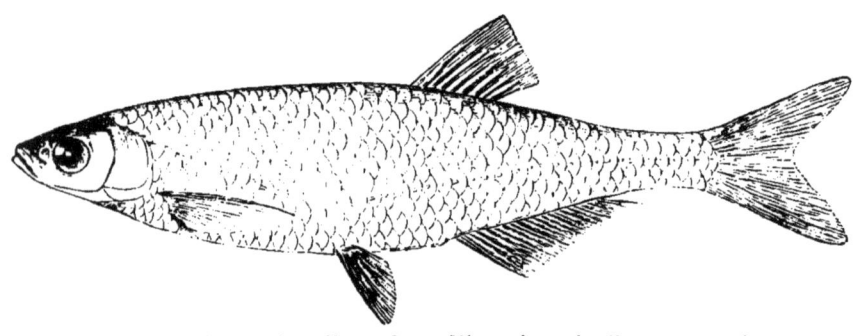

A. ore obliquo, dentibus faucalibus interioribus crenatis.

B 3 D 3/8 P 1/15 V 2/8 A 3/17—20 C 19 Sq 8/47—53/3 Df 2.5—5.2 aut 2.5—4.2.

Cyprinus quincuncialis, pinna ani ossiculorum 20. Artedi g. pisc. 6 n. 18. syn. pisc. 10 n. 19. sp. pisc. 17; 1738.

Leuciscus 16. Klein pisc. 5, 68 t. 18 f. 3; 1749.

Cyprinus *alburnus* Linné f. suec. 130; 1761. syst. nat. 531; 1766. Bloch Fische Deutschl. 1, 69 t. 8 f. 4; 1783. Meidinger pisc. austr., t. 30; 1788. Lacepède poiss. 5, 589; 1803.

Abramis *alburnus* Nilsson ichth. scand. 31; 1832. Günther Fische d. Neckars 86; 1853.

Leuciscus *alburnus* Valenciennes poiss. 17, 272; 1844.

Alburnus *lucidus* Heckel u. Kner Fische Öst. 131; 1858. Siebold Fische Mitteleur. 154; 1863. Günther fish. 7, 312; 1868. Benecke Fische Preuss. 127; 1881.

Alburnus *breviceps* Heckel u. Kner Fische Öst. 134; 1858.

10—12 cm. Mundspalte schief. Unterkiefer vorstehend, am Kinne verdickt, in eine Grube des Zwischenkiefers eingreifend.

Schlundzähne zusammengedrückt, am Ende hakig; die inneren gekerbt. Rückenflosse über dem After. Afterflosse vor dem Ende der Rückenflosse beginnend. Schuppen fast glatt. Rücken bläulichgrün; Seiten und Bauch silberglänzend; Flossen grau.
Laichzeit April bis Juni. 30—80000 Eier an seichten Stellen.
Nahrung: Würmer, Insekten.
Schmarotzer: N Filaria echinata Lw., Ancyracanthus denudatus D., Dispharagus filiformis Zsch., E Echinorynchus proteus W., clavaeceps Z. i, tuberosus Z. i, T Distomum globiporum R. i, Dactylogyrus minor Wg. b, alatus Lw., C Taenia torulosa Batsch i, Caryophyllaeus mutabilis R. i, Ligula monogramma Cr. a, digramma Cr. a.
In Flüssen und Seen; gesellig an der Oberfläche. Gemein.

2. ALBURNUS *bipunctatus* H. Alandbleke, Schneider.

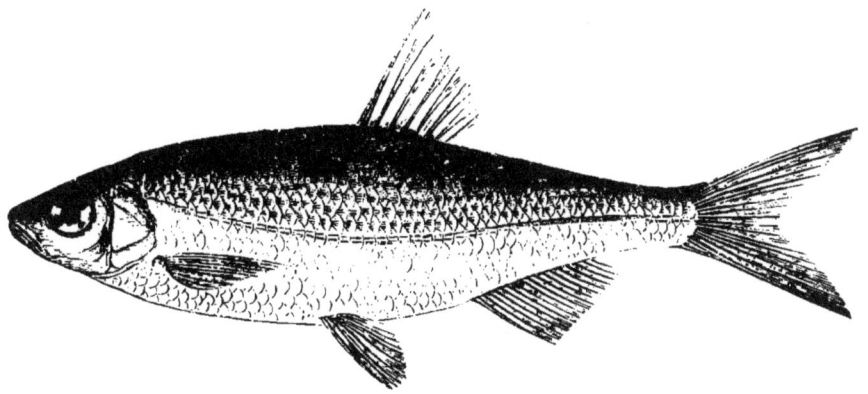

A. ore terminali subobliquo, dentibus faucalibus integris. stria laterali nigro-marginata.

B 3 D 3/7—8 P 1/14 V 2/7—8 A 3/15—17 C 19 Sq 9/47—50/4 Df 2.5—4.2.

Cyprinus *morella* Leske ichth. lips. 47; 1774.
Cyprinus *bipunctatus* Bloch Fische Deutschl. 1, 64 t. 8 f. 1; 1783. Meidinger pisc. austr., t. 16; 1786.
Cyprinus *spirlin* Lacepède poiss. 5, 588; 1803.
Aspius *fasciatus* Nordmann ap. Demidoff voy. d. l. Russie mér. 3, 497 t. 23 f. 2; 1840.
Leuciscus *bipunctatus* Valenciennes poiss. 17, 259; 1844.
Leuciscus *baldneri* Valenciennes poiss. 17, 262 t. 497; 1844.

ABRAMIS *bipunctatus* Günther Fische d. Neckars 83; 1853. fish. 7, 307; 1868.

ALBURNUS *bipunctatus* Heckel u. Kner Fische Östr. 135; 1858. Siebold Fische Mitteleur. 163; 1863. Benecke Fische Preuss. 128; 1881.

9—12 cm. Mund endständig, etwas schief. Kinn wenig verdickt. Schlundzähne ungekerbt, am Ende hakig. Afterflosse hinter der Rückenflosse. Rücken bräunlichgrün oder blau, Seiten hellgrünlich. Seitenlinie beiderseits von einem schmalen schwarzen Streifen eingefasst. Oberhalb der Seitenlinie, manchmal auch unterhalb, je 3 Schuppenlängsreihen mit einem dreieckigen schwarzen Flecke auf jeder Schuppe. Zu beiden Seiten des Rückens eine schwarzblaue Binde vom Kiemendeckel bis zum Schwanze. Rücken-, Brust- und Schwanzflosse grau; Bauch- und Afterflosse gelblich oder rötlich, zur Laichzeit orange.

Laichzeit Mai, Juni. Eier auf Kiesgrund in schnellfliessendem Wasser.

Schmarotzer: C Taenia torulosa Batsch i, Caryophyllaeus mutabilis R. i.

In klaren fliessenden und stehenden Gewässern; am Grunde, gesellig. Verbreitet.

3. ALBURNUS *mento* H. Schiedling, Mairenke.

A. mento crasso prominente; ore obliquo; ossium faucalium processu anteriore elongato; dentibus faucalibus interioribus crenatis.

B 3 D 3/8 P 1/15 V 2/8—9 A 3/14—16 C 19 Sq 10/65—68/4.

ASPIUS *m.* Perty Isis 720; 1832.

LEUCISCUS *m.* Valenciennes poiss. 17; 271; 1844.

ALBURNUS *m.* Heckel u. Kner Fische Östr. 139; 1858. Siebold Fische Mitteleur. 161; 1863. Günther fish. 7, 315; 1868.

14—24 cm. Leib langgestreckt, wenig zusammengedrückt; Rücken fast gerade. Kinn verdickt, stark hervorragend; Mundspalte schief. Vorderer Schlundknochen-Fortsatz sehr verlängert. Innere Schlundzähne gekerbt. Afterflosse hinter der Rückenflosse, nach hinten sehr niedrig. Schuppen klein mit ziemlich deutlichen Radien. Rücken blaugrün ins stahlblaue; Seiten silberweiss, atlasglänzend; Rücken- und Schwanzflosse schwärzlich angeflogen; untere Flossen blassrötlich oder graulich.

Laichzeit Mai, Juni.

In Voralpen-Seen. D Ammersee, Staronberger See, Chiemsee, Attersee, Traunsee.

CYPRINIDAE.

5. G. ASPIUS Agassiz Mém. Soc. Sc. Nat. Neuchâtel 1,38; 1835.

Cirri nulli. Mentum prominens incrassatum. Dentes faucales biseriales, extus terni. Pinna analis longa. Abdomen inter pinnas ventrales et anum obtuse carinatum; carina squamosa. Squamae mediocres.

Mund ohne Barteln. Kinn verdickt, in einen Ausschnitt des Zwischenkiefers passend. Schlundzähne zweireihig, in der äusseren Reihe jederseits 3. Afterflosse lang. Zwischen Bauchflossen und After eine stumpfe, beschuppte Bauchkante. Schuppen mässig gross.

1. ASPIUS rapax Ag. Rapfe, Schied.

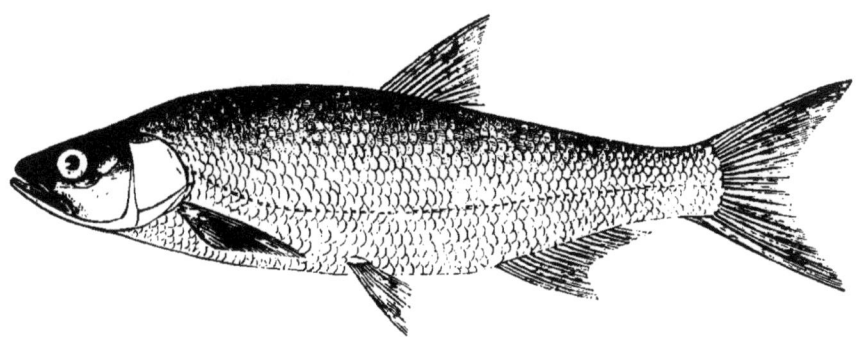

A. ore amplo subobliquo, pinna anali profunde emarginata.

B 3 D 3/8 P 1/16 V 2/8—9 A 3/14 C 19 Sq 11—12/67—70/4—5 Df 3.5—5.3.

Cyprinus maxilla inferiore longiore cum apice elevato, pinna ani ossiculorum 15. Artedi g. pisc. 6 n. 19. syn. pisc. 14 n. 31. sp. pisc. 14; 1738.

Cyprinus magnus crassus argenteus, longitudine ad latitudinem quintupla. Artedi syn. pisc. 8 n. 12; 1738.

Leuciscus 1. Klein pisc. 5, 65; 1749.

Cyprinus *aspius* Linné f. suec. 128; 1761. syst. nat. 530; 1766. Bloch Fische Deutschl. 1, 61 t. 7; 1783. Meidinger pisc. austr., t. 35; 1790. Lacepède poiss. 5, 587; 1803.

Cyprinus *rapax* Leske ichth. lips. 56; 1774.

Aspius *rapax* Agassiz Mém. Soc. Sc. Nat. Neuchâtel 1, 38; 1835. Heckel u. Kner Fische Östr. 142; 1858. Siebold Fische Mitteleur. 169; 1863. Günther fish. 7, 310; 1868. Benecke Fische Preuss. 130; 1881.

Leuciscus *aspius* Valenciennes poiss. 17, 265; 1844.

40—80 cm. Mund weit, etwas schräg. Schlundzähne cylindrisch, ungekerbt, am Ende hakig. Rückenflosse vorne viel höher als hinten; ausgerandet. Afterflosse tief ausgerandet. Scheitel dunkel olivengrün; Rücken blau- oder grüngrau; Seiten bläulich silberglänzend; Bauch weiss. Rücken- und Schwanzflosse grau; Brustflosse graurötlich; Bauch- und Afterflosse rötlich. Mann zur Laichzeit auf dem Kopfe und dem Hinterrande der Brust-, Rücken- und Schwanzschuppen mit einem Ausschlage von halbkugeligen Körnchen.

Laichzeit April bis Juni. 80—100000 Eier an Steinen oder Pflanzen auf dem Grunde langsam fliessender Gewässer.

Nahrung: Fische, vorzüglich ALBURNUS *lucidus*; Mäuse, Wasserratten.

Schmarotzer: N Cucullanus elegans Z. i, Agamonema aspii D. pt, C Taenia torulosa Batsch i.

In grösseren Strömen und Seen. Verbreitet.

CYPRINIDAE. 41

6. G. ABRAMIS Cuvier règne anim. 2, 274: 1829.

Cirri nulli. Labium inferius medio interruptum. Dentes faucales sulcati. Corpus valde compressum. Abdomen inter pinnas ventrales et anum carinatum; carina nuda. Pinna dorsualis brevis; analis elongata. Squamae fixae, mediocres; praedorsuales diremptae.

Mund ohne Barteln. Unterlippe in der Mitte unterbrochen. Schlundzähne mit einer Furche. Leib stark seitlich zusammengedrückt. Zwischen Bauchflossen und After eine unbeschuppte Bauchkante. Rückenflosse kurz, ohne starken Stachel. Afterflosse lang. Schuppen mässig gross, festsitzend; die des Vorderrückens gescheitelt.

1. ABRAMIS *brama* Ag. Blei, Brachse.

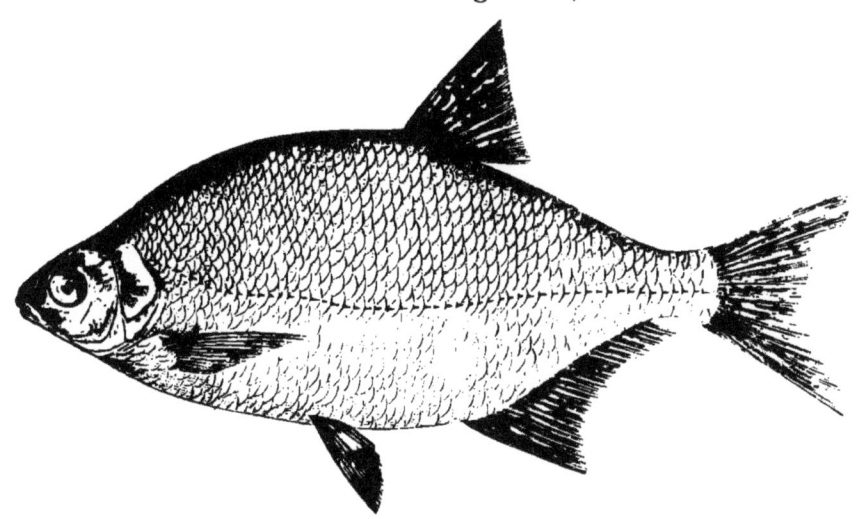

A. alta, ore subinfero, dentibus faucalibus uniserialibus, pinna anali sub dorsuali incipiente.

B 3 D 3/9 P 1/15 V 2/8 A 3/23—28 C 19 Sq 12—13/51—54/6—7 Df. 5—5.

CYPRINUS pinnis omnibus nigrescentibus, pinna ani ossiculorum 27. Artedi g. pisc. 6 n. 17. syn. pisc. 4 n. 2. sp. pisc. 20 n. 10; 1738.
BRAMA 1. Klein pisc. 5, 61; 1749.
CYPRINUS *brama* Linné f. suec. 127; 1761. syst. nat. 531; 1766. Bloch Fische Deutschl. 1, 95 t. 13; 1783. Meidinger pisc. austr., t. 43; 1794. Lacepède poiss. 5, 591; 1803. Valenciennes poiss. 17, 9; 1844.
CYPRINUS *farenus* Linné syst nat. 532; 1766.

CYPRINIDAE.

Abramis *brama* Agassiz Mém. Soc. Sc. Nat. Neuchâtel 1, 39; 1835. Günther Fische d. Neckars 96; 1853. Heckel u. Kner Fische Östr. 104; 1858. Siebold Fische Mitteleur. 121; 1863. Günther fish. 7, 300; 1868. Benecke Fische Preuss. 118; 1881.
Abramis *retiala* Heckel Ann. Wien. Mus. 1, 230 t. 20 f. 6; 1835. Valenciennes poiss. 17, 60; 1844. Heckel u. Kner Fische Östr. 108; 1858.
Abramis *microlepidotus* Valenciennes poiss. 17, 43; 1844.
Abramis *argyreus* Valenciennes poiss. 17, 45; 1844.

40—70 cm. Leib sehr hoch. Schnauze nicht vorspringend; Mund halb unterständig. Rückenflosse hinter der Körpermitte, vorne viel höher als hinten. Afterflosse unter der Rückenflosse beginnend. Brustflossen zurückgelegt die Bauchflossen erreichend. Rücken grau oder braun; Seiten silbergrau oder bräunlich; Bauch weisslich; Flossen grau. Mann zur Laichzeit mit kleinen, erst weissen, später gelben Knötchen auf Scheitel, Schnauze, Kiemendeckel, Schuppen und den Strahlen der paarigen Flossen.

Laichzeit Mai, Juni. 2—300000 gelbliche, 1,5 mm grosse, klebrige Eier an Wasserpflanzen.

Nahrung: Insekten, Würmer, Pflanzen.

Schmarotzer: N Ascaris cristata Lw, Ichthyonema sanguineum R. a, E Echinorynchus angustatus R. i, clavaceeps Z. i, globulosus R. i, proteus W. i, T Distomum globiporum R. i, Monostomum praemorsum Nm. b, constrictum D. o, Diplozoum paradoxum Nm. b, Gyrodactylus elegans Nm. b, Dactylogyrus auriculatus D. b, dujardinianus D. b, Holostomum musculicola Wdb. m, Diplostomum cuticola D. c, Tetracotyle ovata Lw. i, C Taenia torulosa Batsch i, Caryophyllaeus mutabilis R. i, Ligula digramma Cr. a, **Cp** Ergasilus sieboldii Nm. b.

In Haffen, Seen, Teichen; auf pflanzenbewachsenem Grunde. Verbreitet.

CYPRINIDAE.

2. ABRAMIS *vimba* V. Zärte.

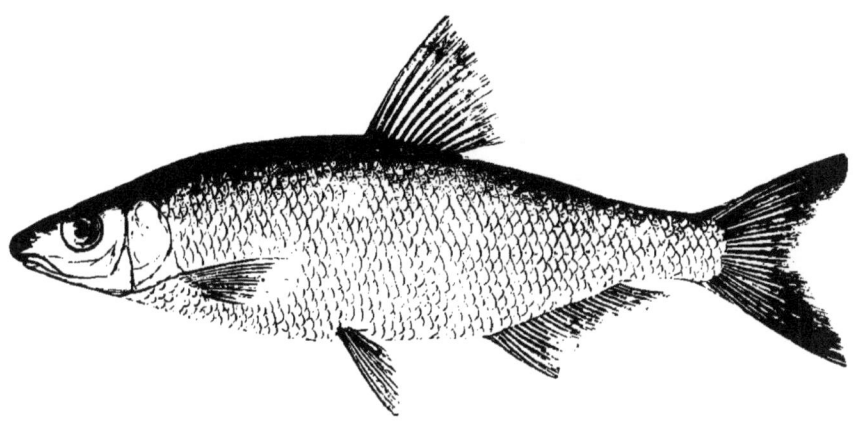

A. longa, ore infero, rostro |producto, 'dentibus faucalibus uniserialibus, pinna anali post dorsualem incipiente, squamis postdorsualibus carinatis.

B 3 D 3/8 P 1/15 V 2/9—10 A 3/17—20 C 19 Sq 9.—10/58—60/5—6 Df 5—5.

CYPRINUS rostro nasiformi, dorso acuminato, pinna ani ossiculorum 24. Artedi g. pisc. 6 n. 16. syn. pisc. 14. n. 32. sp. pisc. 18; 1738
  LEUCISCUS 3. Klein pisc. 5, 65; 1749.
  LEUCISCUS 6. part. Klein pisc. 5, 66 t. 16 f. 2; 1749.
  CYPRINUS *vimba* Linné f. succ. 130: 1761. syst. nat. 531; 1766. Bloch Fische Deutschl. 1, 49 t. 4; 1783. Meidinger pisc. austr., t. 38; 1790. Lacepède poiss. 5, 590; 1803.
  CYPRINUS *serta* Leske ichth. lips. 44; 1774.
  CYPRINUS *carinatus* Pallas zoogr. rosso-as. 3, 323; 1831.
  ABRAMIS *melanops* Heckel Ann. Wien. Mus. 2, 1, 154 t. 9 f. 3; 1840. Valenciennes poiss. 17, 61; 1844. Heckel u. Kner Fische Östr. 112; 1858. Siebold Fische Mitteleur. 127; 1863.
  ABRAMIS *vimba* Valenciennes poiss. 17, 65; 1844. Heckel u. Kner Fische Östr. 109; 1858. Siebold Fische Mitteleur. 125; 1863. Günther fish. 7, 303; 1868. Benecke Fische Preuss. 120; 1881.
  ABRAMIS *elongatus* Valenciennes poiss. 17, 75; 1844. Günther fish. 7, 304; 1868.

20—30 cm. Leib gestreckt. Schnauze weit über den Unterkiefer hervorragend, stumpf. Hinterrücken durch eine Längsleiste der Schuppen in der Mittellinie gekielt. Brustflossen zurückgelegt die Bauchflossen nicht erreichend. Afterflosse hinter der Rückenflosse beginnend Oberseite grünblau, Seiten und Bauch silberweiss; Rücken- und Schwanzflosse graublau: Brust-, Bauch- und Afterflosse blassgelb. Zur Laichzeit Oberseite bis unter die Seitenlinie herab tief schwarz: Lippen, ein Streifen auf der Unterseite von der Kehle bis zum Schwanze, die paarigen Flossen und der Grund der Afterflosse dunkel orange; Rücken- und Schwanzflosse, der obere Rand der Brustflossen und der Saum der Afterflosse schwarz. Mann zur Laichzeit mit kleinen weisslichen Körnchen am Kopfe und auf vielen Schuppen.

Laichzeit März bis Mai. 2—300000 Eier.

Nahrung: Pflanzliche und tierische Stoffe.

Schmarotzer: N Ascaris vimbae Lw. h, E Echinorynchus proteus W. i, globulosus R. i, T Distomum globiporum R. i, Diplostomum lenticola Lw., Diplozoon paradoxum Nm. b, Dactylogyrus cornu Lw., sphyra Lw., C Caryophyllaeus mutabilis R. i.

Ostsee, zum Laichen in die Flüsse steigend; Elbe, Donau, bairische und österreichische Seen.

3. ABRAMIS *ballerus* V. Zope, Pleinze.

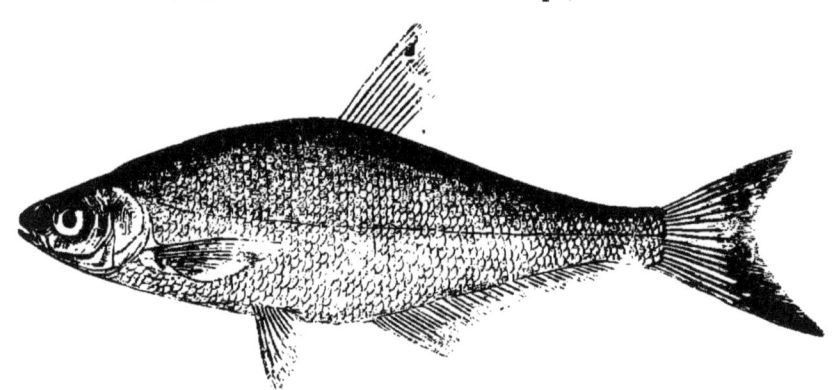

A. longa, ore terminali obliquo.

B 3 D 3/8 P 1/15 V 2/8 A 3/36 —39 C 19 Sq 14—15/69—73/8—9 Df 5—5.

CYPRINUS admodum latus et tenuis, pinna ani ossiculorum 40. Artedi g. pisc. 3 n. 5. syn. pisc. 12 n. 24. sp. pisc. 23 n. 11; 1738.

CYPRINUS *b*. Linné f. succ. 129; 1761. syst. nat. 532; 1766. Bloch Fische Deutschl. 1, 78 t. 9; 1783. Lacepède poiss. 5, 605; 1803.

ABRAMIS *b* Valenciennes poiss. 17, 45; 1844. Heckel und Kner Fische Östr. 113; 1858. Siebold Fische Mitteleur. 130; 1863. Günther fish. 7, 302; 1868. Benecke Fische Preuss. 122; 1881.

30 cm. Leib stark zusammengedrückt, gestreckt. Kopf klein. Mund endständig; Spalte schräg aufwärts. Schlundknochen sehr schlank. Rücken bläulich-, schwärzlich- oder bräunlichgrün; Seiten und Bauch silberglänzend. Unpaare Flossen graulich, paarige gelblich, alle schwärzlich gesäumt.

Laichzeit Mai, Juni.

Schmarotzer: T Diplozoum paradoxum Nm. b, C Caryophyllaeus mutabilis R. i.

Im unteren Stromlaufe der der Ostsee zuströmenden Flüsse und der Elbe.

4. ABRAMIS sapa Ndm.

A. longiuscula, ore subinfero, rostro obtuso crasso.

D 3/8 P 1/15 V 2/8 A 3 38—45 C 19 Sq 9—10/50—52/6—7 Df 5—5.

Cyprinus s. Pallas zoogr. rosso-as. 3, 328; 1831.

Abramis s. Nordmann ap. Demidoff voy. d. l. Russie mér. 3, 506 t. 21 f. 2; 1840. Heckel u. Kner Fische Östr. 115; 1858. Siebold Fische Mitteleur. 131; 1863. Günther fish. 7, 302; 1868.

Leuciscus s. Valenciennes poiss. 17, 49; 1844.

20—30 cm. Leib stark zusammengedrückt, etwas gestreckt. Mund halb unterständig; Schnauze stumpf, dick. Augen gross, stark gewölbt. Silberweiss, atlasglänzend; Rücken wenig dunkler; Flossen weisslich, schwärzlich gesäumt.

Laichzeit April, Mai.

Nahrung: Muscheln (Cyclas).

Donau.

5. ABRAMIS blicca Ag. Güster, Blicke.

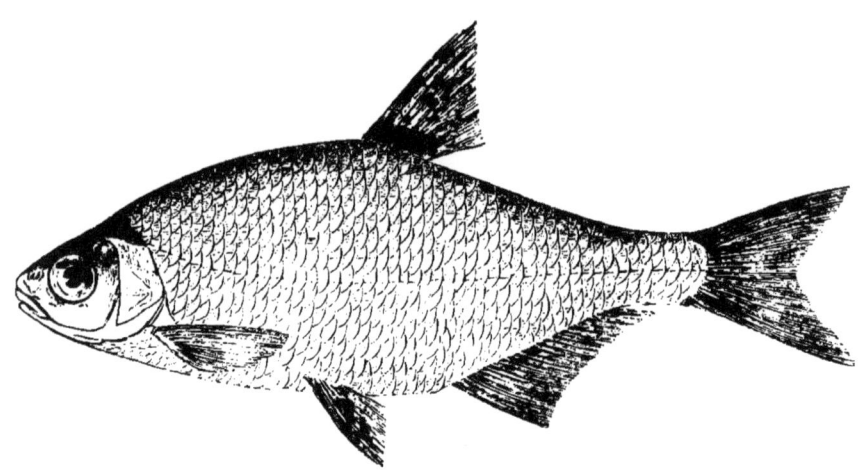

A. alta, ore terminali, dentibus faucalibus biserialibus uncinatis. B 3 D3/8 P 1/14—15 V 2/8 A 3/19—23 C 19 Sq 9—10/45—48/5—6 Df 2.5—5.2 aut 3.5—5.3.

CYPRINUS quincuncialis, pinna ani ossiculorum 25. Artedi g. pisc. 3 n. 3. syn. pisc. 13 n. 27. sp. pisc. 20 n. 9; 1738.
BRAMA 4. Klein pisc. 5, 62; 1749.
CYPRINUS björkna Linné f. suec. 130; 1761.
CYPRINUS plestya Leske ichth. lips. 69; 1774.
CYPRINUS blicca Bloch Fische Deutschl. 1, 83 t. 10; 1783.
CYPRINUS ballerus Meidinger pisc. austr., t. 7; 1785.
CYPRINUS latus Lacépède poiss. 5, 604; 1803.
CYPRINUS laskyr Pallas zoogr. rosso-as. 3, 326; 1831.
ABRAMIS blicca Agassiz Mém. Soc. Sc. Nat. Neuchâtel 1, 39; 1835. Günther Fische d. Neckars 93; 1853. fish. 7, 306; 1868.
LEUCISCUS blicca Valenciennes poiss. 17, 31; 1844.
ABRAMIS micropteryx Valenciennes poiss. 17, 44; 1844.
ABRAMIS erythropterus Valenciennes poiss. 17, 58; 1844.
BLICCA argyroleuca Heckel u. Kner Fische Östr. 120; 1858.
BLICCA laskyr Heckel u. Kner Fische Östr. 123; 1858.
BLICCA björkna Siebold Fische Mitteleur. 138; 1863. Benecke Fische Preuss. 123; 1881.

20—30 cm. Leib hoch. Schnauze nicht vorspringend. Schlundzähne am Ende hakig. Afterflosse unter dem Hinterrande der Rückenflosse beginnend. Oberseite dunkel blaugrün mit bräunlichem Schimmer;

Seiten bläulich oder rötlich silberglänzend; Bauch weiss. Rücken-, After- und Schwanzflosse graublau; Brust- und Bauchflossen ganz oder am Grunde rötlich. Zur Laichzeit die Seiten geschwärzt, Brust- und Bauchflossen und der Grund der Afterflosse orange, Rücken- und Schwanzflosse am Grunde rötlich durchscheinend. Mann zur Laichzeit mit weissem, kleinkörnigem Hautausschlage auf den Kiemendeckeln und dem Hinterrande vieler Schuppen.

Laichzeit Mai, Juni. Etwa 100000 fast 2 mm grosse Eier an Wasserpflanzen.

Nahrung: Würmer, Insekten.

Schmarotzer: N Ascaris piscicola Lw., Trichosoma brevispiculum Lw. i, E Echinorynchus proteus W. i, T Distomum globiporum R. i, bliccae Lw. m, Diplozoum paradoxum Nm. b, Dactylogyrus alatus Lw., Gastrostomum fimbriatum Sb. b, Diplostomum cuticola D. c, Tetracotyle ovata Lw., C Caryophyllaeus mutabilis R. i, Ligula monogramma Cr. a, digramma Cr. a, Cp Argulus foliaceus L. c.

In Flüssen und Seen. Verbreitet.

CYPRINIDAE.

7. G. RHODEUS Agassiz Mém. Soc. Sc. Nat. Neuchâtel 1, 37; 1835.

Cirri nulli. Dentes faucales 5 uniseriales compressi sulcati. Corpus compressum altum. Stria lateralis brevis. Squamae magnae. Mund ohne Barteln. Schlundzähne 5, einreihig, zusammengedrückt, mit einer Furche. Leib zusammengedrückt, hoch. Seitenlinie unvollständig. Schuppen gross.

1. RHODEUS *amarus* Ag. Bitterling.

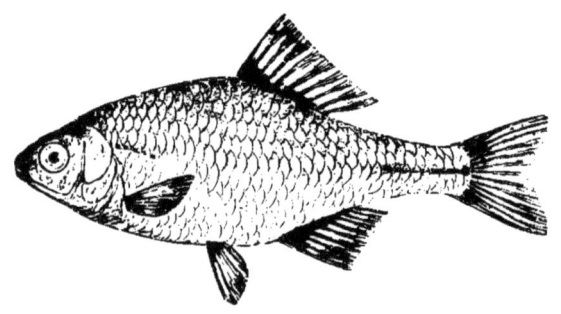

B 4 D 3/9—10 P 1/10 V 2/6 A 3/9 C 19 Sq 10—12/34—38/5 Df 5—5.

CYPRINUS *aphya* Leske ichth. lips. 51; 1774.
CYPRINUS *amarus* Bloch Fische Deutschl. 1, 67 t. 8 f. 3; 1783. Meidinger pisc. austr., t 37; 1790. Lacepède poiss. 5, 588; 1803. Valenciennes poiss. 17, 81; 1844.
RHODEUS *amarus* Agassiz Mém. Soc. Sc. Nat. Neuchâtel 1, 37; 1835. Heckel u. Kner Fische Östr. 100; 1858. Krauss Jh. V. Ntk. Würtb. 14, 117; 1858. Siebold Fische Mitteleur. 116 t. 1; 1863. Günther fish. 7, 279; 1868. Benecke Fische Preuss. 116; 1881.

6—8 cm. Mund klein, halb unterständig. Seitenlinie auf die ersten 5—6 Schuppen beschränkt. Rücken grau- oder braungrün. Seiten bläulich silberglänzend, in der hinteren Hälfte mit grünem Längsstreife. Rückenflosse grau, die anderen Flossen rötlich. Mann während der Laichzeit mit weissem körnigem Höker auf der Schnauze, metallglänzend, mit blauen Seiten, rotem Bauche, hochroter, schwarzgesäumter Rücken- und Afterflosse. Weib mit 5 mm hoher Geschlechtswarze, die sich zur Laichzeit zu einer 3 cm langen Legeröhre verlängert.

Laichzeit Mai, Juni. Das Weib legt wenige, längliche, 3 mm

lange, schwefelgelbe Eier in die Kiemenhöhle von Unionen, namentlich U. *cygneus*.

Nahrung: Algen, Würmer.

Schmarotzer: T Diplozoon paradoxum Ndm. b, Dactylogyrus megastomus Wg. b, C Caryophyllaeus mutabi is R. i, Cp Argulus foliaceus L. c.

In langsam fliessenden reinen Gewässern; gesellig. Verbreitet.

8. G. CHONDROSTOMUS Agassiz Mém. Soc. Sc. Nat. Neuchâtel 1, 38; 1835.

Cirri nulli. Os inferum; labium inferius cartilagineum cultratum. Dentes faucales uniseriales. Squamae mediocres.

Mund unterständig, ohne Barteln. Unterkiefer mit knorpelhartem, schneidendem Lippenrande. Schlundzähne einreihig. Schuppen mässig gross.

1. CHONDROSTOMUS naso Ag. Nase.

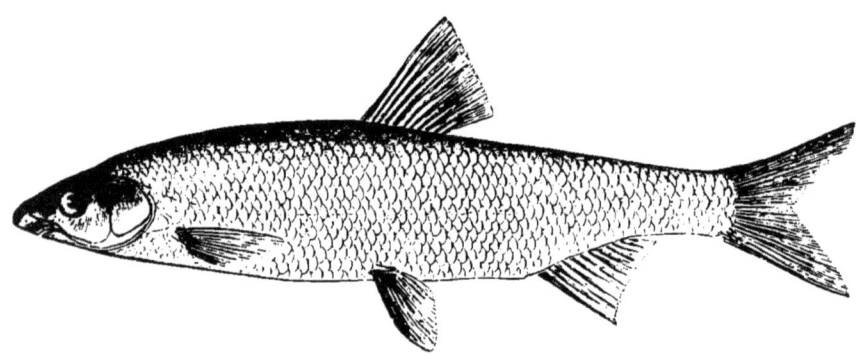

C. rostro producto conico, rictu transverso subrecto, peritonaeo atro. B 3 D 3/8—10 P 1/15—16 V 1—2/8—9 A 3/10--12 C 19 Sq 8—9/56—66/5—6 Df 6—6 aut 7—6 aut 7—7.

Cyprinus rostro nasiformi prominente, pinna ani ossiculorum 14. Artedi g. pisc. 5 n. 15. syn. pisc. 6 n. 9; 1738.

Leuciscus 6. part. Klein pisc. 5, 66 t. 16 f. 1; 1749.

Cyprinus nasus Linné syst. nat. 530; 1766. Bloch Fische Deutschl. 1, 45 t. 3; 1783. Meidinger pisc. austr., t. 12; 1786. Lacepède poiss. 5, 586; 1803.

Chondrostoma nasus Agassiz Mém. Soc. Sc. Nat. Neuchâtel 1, 38; 1835. Valenciennes poiss. 17, 384; 1844. Günther Fische d. Neckars 99; 1853. Heckel u. Kner Fische Östr. 217; 1858. Siebold Fische Mitteleur. 225; 1863. Günther fish 7, 272; 1868. Benecke Fische Preuss. 142: 1881.

25—40 cm. Schnauze stark vorragend, kegelförmig. Mund von fast geraden, hornartigen Lippenrändern begrenzt. Schlundzähne seitlich zusammengedrückt, oben schräg abgeschliffen. Leib gestreckt, mässig zusammengedrückt. Oberseite schwärzlich grün; Seiten und Bauch silberfarben; Rückenflosse graulich, die übrigen Flossen rötlich, Schwanzflosse dunkelgrau gesäumt. Bauchfell schwarz. Zur Laichzeit Mann auf Kopf und Schuppenrändern, Weib auf Scheitel und Schnauze mit weisslichem körnigen Hautausschlage.

Laichzeit April, Mai. Etwa 8000 Eier auf Kiesgrund in schnellfliessendem Wasser.

Nahrung: Algen, kleine Tiere.

Schmarotzer: E Echinorynchus clavaeceps Z. i, T Distomum globiporum R. i, Dactylogyrus forceps Lkt. b, Diplozoon paradoxum Nm. b, Diplostomum cuticola D. c, volvens Nm., C Caryophyllaeus mutabilis R. i, Cp Tracheliastes polycolpus Nm. p.

In Flüssen. Verbreitet.

2. CHONDROSTOMUS *genei* Bp.

C. rostro brevi obtuso, rictu arcuato.

B 3 D 3/8 P 1/14—15 V 2/8 A 3/8—9 C 19 Sq 8—9/52—56/5—6 Df 5—5.

Leuciscus *g.* Bonaparte ic. f. it., fol. 126* t. 114 f. 2; t. 116 f. 1.

Chondrostoma *g.* Bonaparte pesci eur. 28; 1846. Heckel Sitzb. Ak. Wien 8, 377 t. 7 f. 7—11; 1851. Fische Östr. 220; 1858. Siebold Fische Mitteleur. 230; 1863. Günther fish. 7, 273; 1868.

20 cm. Schnauze wenig vorragend, stumpf abgerundet. Mundspalte flach gebogen. Leib gestreckt. Rücken hellgrünlichgrau, matt goldglänzend; Seiten silberig, etwas geschwärzt; über der Seitenlinie eine graue Längsbinde. Flossen gelblichweiss, orange gesäumt.

Rhein bei Basel.

CYPRINIDAE.

9. G. TINCA Cuvier règne anim. 2, 273; 1829.

Cirri 2. Os terminale. Dentes faucales uniseriales. Squamae parvae, cuti crassae immersae.

Mund endständig; in jedem Mundwinkel eine Bartel. Schlundzähne einreihig. Schuppen klein, tief in die dicke, schleimige Haut eingelagert.

1. TINCA chrysitis Ag. Schleihe.

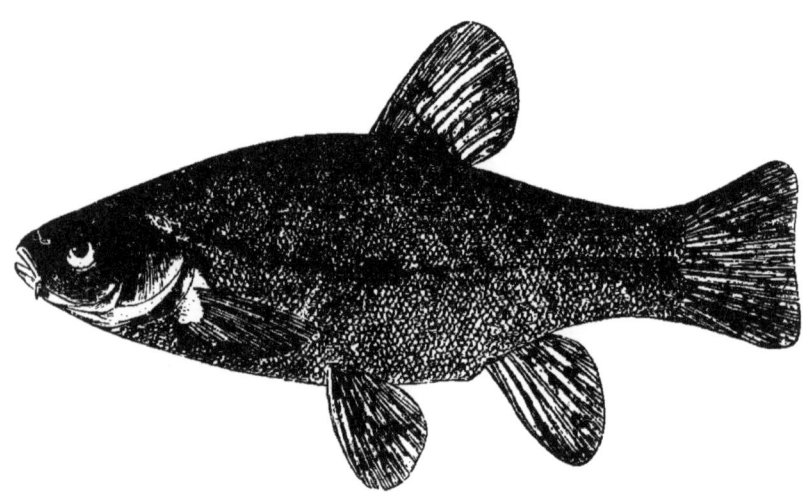

B 3 D 4/8—9 P 1/15—17 V 2/8—9 A 3—4/6—7 C 19 Sq 30—32/95—100/20 Df 5—4 aut 5—5.

Cyprinus mucosus totus nigrescens, extremitate caudae aequali. Artedi g pisc. 4 n. 6. syn. pisc. 5 n. 7. sp. pisc. 27: 1738.

Brama 6. Klein pisc. 5, 63; 1749.

Cyprinus tinca Linné f. suec. 128; 1761. syst. nat. 526; 1766. Bloch Fische Deutschl. 1, 105 t. 14. 15; 1783. Meidinger pisc. austr., t. 13; 1786. Lacepède poiss. 5, 534; 1803.

Tinca chrysitis Agassiz Mém. Soc. Sc. Nat. Neuchâtel 1, 37; 1835.

Tinca vulgaris Valenciennes poiss. 16, 322 t. 484; 1842. Heckel u. Kner Fische Östr. 75; 1858. Siebold Fische Mittleur. 106; 1863. Günther fish. 7, 264; 1868. Benecke Fische Preuss. 111; 1881.

Leuciscus tinca Günther Fische d. Neckars 50; 1853.

20—30 cm. Leib gedrungen, wenig zusammengedrückt. Schlundzähne keulenförmig. Am Kopfe, auf dem Vordeckel, Unteraugenknochen, Unterkiefer und in der Seitenlinie feine dichtstehende Poren.

CYPRINIDAE.

Der ganze Körper mit einer dicken, schleimigen, durchsichtigen Oberhautschicht bedeckt, in welche die kleinen Schuppen eingelagert sind. Flossen dick, fleischig, abgerundet; Schwanzflosse schwach ausgerandet. Der 1. Strahl der Bauchflossen beim Manne verdickt. Körper schwarz- oder olivengrün mit durchschimmerndem Goldglanze, am Bauche heller; Rücken- und Schwanzflosse dunkelgrün, dunkelblau oder schwarz; Brust- und Bauchflossen braun.

Laichzeit Mai bis Juli. 2—300000 kleine gelbliche Eier an Wasserpflanzen.

Nahrung: tote und lebende Pflanzen und Tiere.

Schmarotzer: N Cucullanus tincae R. i, Agamonema tincae D. mesent., Ascaris acus Bl., **E** Echinorynchus clavaceps Z. i, globulosus R. i, proteus W. i, angustatus R i, **T** Distomum globiporum R. i, perlatum Nm. i, **C** Taenia unilateralis R. ves. fell., macropeos Wedl. i, Caryophyllaeus mutabilis R i, Triaenophorus nodulosus R h, Monobothrium tuba D. i, **Cp** Argulus foliaceus L. e.

In Flüssen, Seen, Teichen mit schlammigem Grunde. Verbreitet.

54 CYPRINIDAE.

10. G. LEUCISCUS Klein pisc. 5, 64; 1749.

Cirri nulli. Pinna dorsualis brevis, radio osseo nullo. Pinna analis post dorsualem, brevis.

Mund ohne Barteln. Rückenflosse kurz, ohne Knochenstrahl. Afterflosse nach vorn nicht bis unter die Rückenflosse reichend, kurz.

1. S. *PHOXINUS* Agassiz Mém. Soc. Sc. Nat. Neuchâtel 1, 37; 1835.

Dentes faucales 2.5—4.2 compressi uncinati. Squamae exiguae. Linea lateralis interrupta. Pinna dorsualis post ventrales.

Schlundzähne 2.5—4.2, zusammengedrückt, mit hakiger Spitze. Schuppen sehr klein. Seitenlinie unvollständig. Rückenflosse zwischen Bauch- und Afterflosse.

1. LEUCISCUS *phoxinus* V. Elritze, Pfrille.

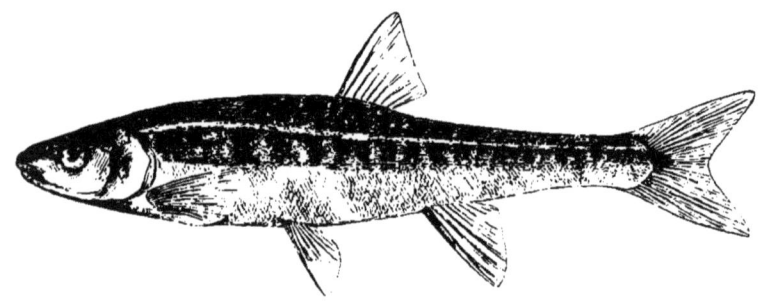

L. P. teres, ore terminali, rostro obtuso convexo.

B 3 D 3/7 P 1/15 V 2/8 A 3/7 C 19 Sq 8—10/80 -90/8 -10 Df 2.5—4.2 aut 2.4—4.2.

CYPRINUS tridactylus varius oblongus teretiusculus, pinna ani ossiculorum 8. Artedi syn. pisc. 12 n. 23; 1738.

LEUCISCUS 14. minor Klein pisc. 5, 68; 1749.

CYPRINUS *phoxinus* Linné syst. nat. 528; 1766. Bloch Fische Deutschl. 1, 76 t. 8 f. 5; 1783. Meidinger pisc. austr., 1. 39; 1790. Lacepède poiss. 5, 571; 1803.

CYPRINUS *aphya* Linné f. suec. 131; 1761. syst. nat. 528; 1766. Meidinger pisc. austr., t. 15; 1786.

CYPRINUS *rivularis* Pallas zoogr. rosso-as. 3, 330; 1831.

PHOXINUS *laevis* Agassiz Mém. Soc. Sc. Nat. Neuchâtel 1, 37; 1835. Heckel u. Kner Fische Östr. 200; 1858. Siebold Fische Mitteleur. 222; 1863. Benecke Fische Preuss. 140; 1881.

CYPRINIDAE. 55

Leuciscus *phoxinus* Valenciennes poiss. 17, 363; 1844. Günther Fische d. Neckars 53; 1853. fish. 7, 237; 1868.

8—13 cm. Leib walzlich, Schwanz zusammengedrückt. Mund klein, endständig; Schnauze stumpf, gewölbt. Schuppen klein, zart, wenig deckend. Ein Längsstreif am Rücken und am Bauche schuppenlos. Seitenlinie hinter der Mitte unregelmässig unterbrochen. Rücken dunkel olivengrün, schwärzlich marmorirt; Seiten silberglänzend oder messinggelb; Bauch weiss, gelblich oder purpurrot. Obere Ecke des Kiemendeckels im Wasser quecksilberglänzend.

Laichzeit Mai, Juni. Eier an flachen, sandigen Ufern.

Nahrung: kleine Wassertiere.

Schmarotzer: N Ascaris phoxini Lw., Ancyracanthus denudatus D., Agamonema ovatum D. i, E Echinorynchus proteus W. i, tuberosus Z., linstowii Ham., T Diplozoon paradoxum Ndm. b, Gyrodactylus elegans Ndm. b. p, Dactylogyrus auriculatus Ndm. b, Diplostomum cuticola D. c, Distomum globiporum R. i. C Bothriocephalus granularis R. i, Cp Tracheliastes polycolpus Ndm. p.

In klaren Bächen, Flüssen und Seen mit Sand- und Kiesgrund. Verbreitet.

2. S. *TELESTES* Bonaparte ic. f. it., v. 3; 1841.

Dentes faucales 2.5—4.2 compressi uncinati. Squamae mediocres. Linea lateralis integra. Pinna dorsualis super ventralibus.

Schlundzähne 2.5—4.2, zusammengedrückt, an der Spitze hakenförmig gebogen. Schuppen mittelgross. Seitenlinie vollständig. Rückenflosse den Bauchflossen gegenüber.

2. LEUCISCUS *muticellus* Bp. Strömer.

L. T. teres, ore subinfero, pinna anali rotundata, peritonaeo atro. B 3 D 2/8 P 1/13—14 V 2/8 A 3/8—9 C 19 Sq 8—9/46—60/4—5.

Cyprinus *aphya* Hartmann helv. ichth 200; 1827. Agassiz Isis 1048; 1828.

Leuciscus *aphya* Agassiz Mém. Soc. Sc. Nat. Neuchâtel 1, 38; 1835.

Leuciscus *muticellus* Bonaparte f. it. Günther Fische d. Neckars 57; 1853 c. ic.; fish. 7, 234; 1868.

Leuciscus *agassizii* Valenciennes poiss. 17, 254 t. 495; 1844.

Telestes *aphya* Bonaparte cipr. eur.; 1845.

Telestes *agassizii* Heckel Sitzb. Ak. Wien 8, 386; 1851. Heckel u. Kner Fische Östr. 206; 1858. Siebold Fische Mitteleur. 212; 1863.

12—25 cm. Leib gestreckt, walzig. Mund klein, halbunterständig; Schnauze mässig gewölbt. Unterrand der Afterflosse abgerundet. Rücken grau; Seiten und Bauch weissglänzend; Seitenlinie orangegelb; über ihr zur Laichzeit eine breite schwärzliche Längsbinde. Bauchfell schwarz.

Laichzeit März, April.

In schnellfliessenden klaren Flüssen und in Teichen. D Iller, Lech, Isar, Amper, Würm, Inn, Mangfall; R Sihl, Neckar; O Teiche zu Silsterwitz am Zobten.

3. S. *SQUALIUS* Bonaparte ic. f. it., v. 3; 1841.

Dentes faucales 2.5—5.2 compressi uncinati. Pinna dorsualis super ventralibus.

Schlundzähne 2.5—5.2, zusammengedrückt, an der Spitze hakenförmig gebogen. Rückenflosse den Bauchflossen gegenüber.

3. LEUCISCUS *vulgaris* V. Häsling, Hasel.

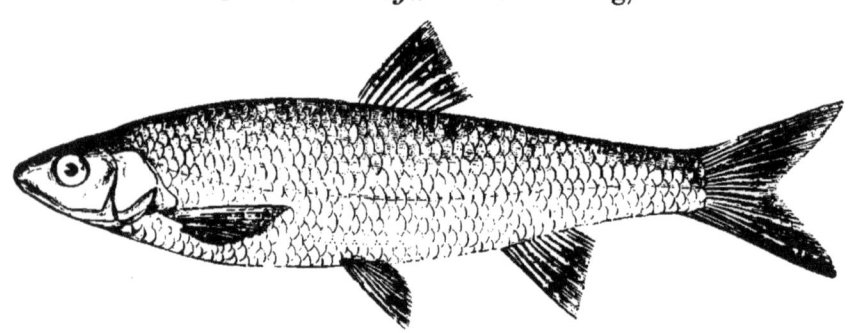

L. S. compressiusculus, ore subinfero angusto, rostro convexo, pinna anali emarginata.

B 3 D 3/7 P 1/16—17 V 2/8 A 3/8—9 C 19 Sq 7—8/47—52/4 Df 2.5—5.2.

LEUCISCUS 5. Klein pisc. 5, 66; 1749.

CYPRINUS *leuciscus* Linné syst. nat. 528; 1766. Bloch Fische Deutschl. 3, 178 t. 97 f. 1; 1785. Lacepède poiss. 5, 572; 1803.

CYPRINUS *dobula* Bloch Fische Deutschl 1, 54 t. 5; 1783. Meidinger pisc. austr., t. 29; 1788. Lacepède poiss. 5, 573; 1803.

LEUCISCUS *argenteus* Agassiz Mém. Soc. Sc. Nat. Neuchâtel 1, 38; 1835.

LEUCISCUS *rodens* Agassiz Mém. Soc. Sc. Nat. Neuchâtel 1, 39 t. 1 f. 1.2; 1835.

LEUCISCUS *rostratus* Valenciennes poiss. 17, 201; 1844.

LEUCISCUS *vulgaris* Valenciennes poiss. 17, 302; 1844. Günther Fische d. Neckars 65; 1853. fish. 7, 226; 1868.

CYPRINIDAE.

Squalius *lepusculus* Heckel Sitzb. Ak. Wien 9, 109 t. 11 f. 1—4; 1852. Fische Östr. 186; 1858.

Squalius *chalybaeus* Heckel Sitzb. Ak. Wien 9, 111 t. 12 f. 1—4; 1852. Fische Östr. 188; 1858.

Squalius *rodens* Heckel Sitzb Ak. Wien 9, 113 t. 12 f. 5. 6; 1852. Fische Östr. 189; 1858.

Squalius *rostratus* Heckel Sitzb. Ak. Wien 9, 113 t. 13; 1852. Fische Östr. 192; 1858.

Squalius *leuciscus* Heckel Sitzb. Ak. Wien 9, 110 t. 11 f. 5. 6; 1852. Fische Östr. 191; 1858. Siebold Fische Mitteleur. 203; 1863. Benecke Fische Preuss 139; 1881.

20—25 cm. Leib etwas zusammengedrückt. Maul klein, etwas unterständig; Schnauze etwas gewölbt. Rücken- und Afterflosse ausgerandet. Scheitel braun, Rücken schwarzblau stahlglänzend; Seiten und Bauch silberglänzend, Seiten oft gelblich. Schuppen am Grunde geschwärzt. Rücken- und Schwanzflosse schwärzlichgrün oder graulichgelb; übrige Flossen gelblich oder orange; Vorderrand der Brustflossen rauchig getrübt. Iris gelblich.

Laichzeit April, Mai.

Schmarotzer: C Ligula digramma Cr. a, Caryophyllaeus mutabilis R. i. b, Taenia torulosa Batsch i, T Gyrodactylus elegans Nm. p, Gastrostomum fimbriatum Sb. b, E Echinorynchus clavaeceps Z., proteus W., N Filaria ovata a.

In Bächen, Flüssen, Seen. Verbreitet.

4. LEUCISCUS *cephalus* Kr. Döbel, Aitel.

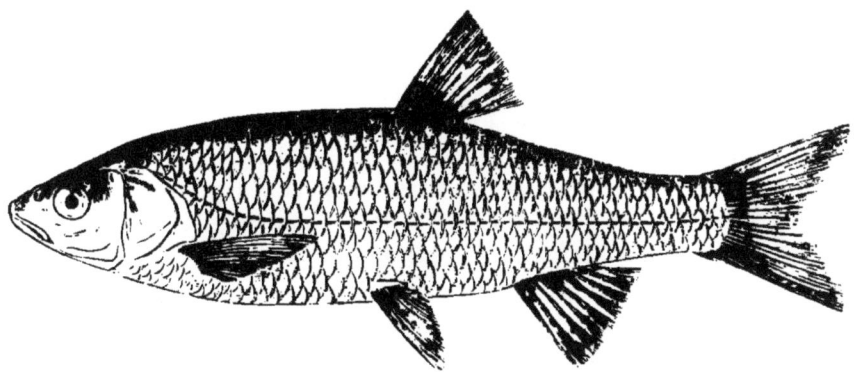

L. S. teretiusculus, ore terminali amplo, rostro depresso, pinnae analis margine convexo, squamis nigro limbatis.

CYPRINIDAE.

B 3 D 3/8 P 1/16—17 V 2/8 A 3/7—9 C 19 Sq 7—8/44—46/3—4 Df 2.5—5.2.

Cyprinus oblongus, iride argentea et pinnis albescentibus. Artedi g. pisc. 5 n. 13; 1738.
Cyprinus oblongus figura rutili, pinna ani ossiculorum 10. Artedi syn. pisc. 5 n. 5. sp. pisc. 12; 1738.
Stäm Linné act. upsal. 35 t. 3; 1744.
Cyprinus *grislagine* Linné f. suec. 129; 1761.
Cyprinus *cephalus* Linné syst. nat. 527; 1766.
Cyprinus *idus* Bloch Fische Deutschl. 1, 323 t. 36; 1783.
Leuciscus *dobula* Valenciennes poiss. 17, 172; 1844. Günther Fische d. Neckars 69; 1853.
Leuciscus *squalius* Valenciennes poiss. 17, 191; 1844.
Leuciscus *albiensis* Valenciennes poiss. 17, 194; 1844.
Leuciscus *frigidus* Valenciennes poiss. 17, 234; 1844.
Squalius *dobula* Heckel Sitzb. Ak. Wien 9, 80 t. 8 f. 1—7; 1852. Fische Östr. 180; 1858.
Leuciscus *cephalus* Kroyer Danm. fiske 3, 482; 1853. Günther fish. 7, 220; 1868.
Squalius *cephalus* Heckel Sitzb. Ak. Wien 9, 69 t. 8 f. 8. 9; 1852. Siebold Fische Mitteleur. 200; 1863. Benecke Fische Preuss. 137; 1881.

40—60 cm. Leib wenig zusammengedrückt. Maul weit, endständig, etwas schief. Schnauze platt. Rücken- und Afterflosse mit leicht convexem Rande. Rücken schwarzgrün; Seiten gelblichgrün; Bauch heller. Seitenschuppen schwarz gesäumt. Rücken- und Schwanzflosse schwärzlichgrün; Bauch- und Afterflosse mennigrot, feuerrot oder orange mit besonders lebhaft gefärbten Strahlen. Iris silberglänzend.

Laichzeit Mai, Juni. Ungefähr 100000 Eier an Wasserpflanzen.
Nahrung: kleine Tiere, Frösche, Mäuse.
Schmarotzer: N Ascaris dentata R. i, Dispharagus denudatus D. i, Agamonema ovatum D. a, E Echinorynchus proteus W. i, globulosus R. i, T Distomum globiporum R. i, tereticolle R., Aspidogaster limacodes D. i, Dactylogyrus forceps Lkt. b, tuba Lw., Diplostomum cuticola D. c, Tetracotyle typica D. m, C Caryophyllaeus mutabilis R. i, Ligula digramma Cr. a.

In klaren Flüssen an ruhigen Stellen. Verbreitet.

4. S. *SCARDINIUS* Bonaparte ic. f. it., v. 3; 1841.

Dentes fauclaes 3.5—5.3 compressi crenati. Abdomen carinatum squamis circumflexis. Pinna dorsualis post ventrales.

Schlundzähne 3.5—5.3, zusammengedrückt, gekerbt. Bauch zwischen Bauchflossen und After scharfkantig mit dachförmigen Schuppen. Rückenflosse zwischen Bauch- und Afterflosse.

5. LEUCISCUS *erythrophthalmus* V. Rotfeder.

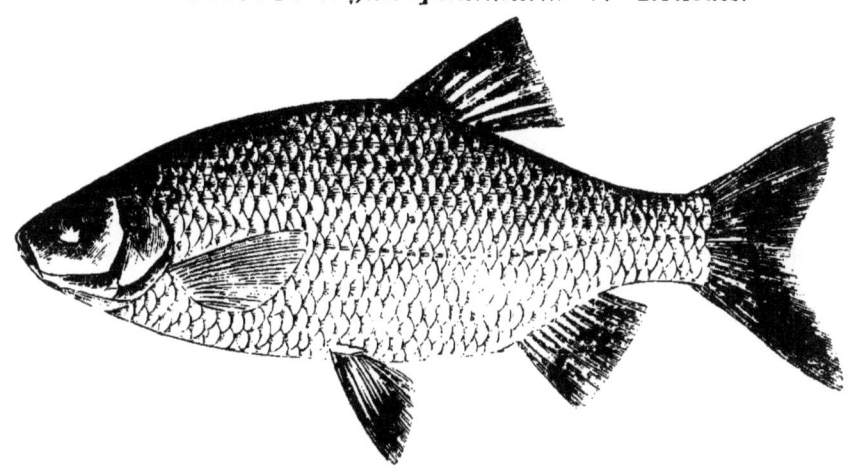

L. S. ore terminali perobliquo.

B 3 D 3/8—9 P 1/15—16 V 2/8 A 3/10—12 C 19 Sq 7/40—42/3—4 Df 3.5—5.3.

Cyprinus iride, pinnis omnibus caudaque rubris. Artedi g. pisc. 3 n. 2. syn. pisc. 4 n. 3. sp. pisc. 9; 1738.

Brama 5. Klein pisc. 5, 63 t. 13 f. 2; 1749.

Cyprinus *erythrophthalmus* Linné f. succ. 129; 1761. syst. nat. 530; 1766. Bloch Fische Deutschl. 1, 37 t. 1; 1783. Meidinger pisc. austr., t. 24; 1788. Lacepède poiss. 5, 577; 1803.

Scardinius *erythrophthalmus* Bonaparte f. it., t. 115. 116. Heckel u. Kner Fische Östr. 153; 1858. Siebold Fische Mitteleur. 180; 1863. Benecke Fische Preuss. 134; 1881.

Leuciscus *erythrophthalmus* Valenciennes poiss. 17, 107; 1844. Günther Fische d. Neckars 80; 1853. fish. 7, 231; 1868.

Scardinius *dergle* Heckel u. Kner Fische Östr. 156; 1858.

Scardinius *scardafa* Heckel u. Kner Fische Östr. 157; 1858.

Scardinius *plotizza* Heckel u. Kner Fische Östr. 159; 1858.

Scardinius *macrophthalmus* Heckel u. Kner Fische Östr. 160; 1858.

CYPRINIDAE.

20—30 cm. Leib zusammengedrückt, ziemlich hoch. Mund klein, sehr steil. Rücken blau- oder braungrün; Seiten silberig mit etwas Messingglanz; Bauch weiss. Flossen blutrot. Iris goldgelb mit rotem Flecke.

Laichzeit April, Mai. Etwa 100000 Eier an pflanzenreichen Stellen.

Nahrung: Würmer.

Schmarotzer: **T** Diplozoum paradoxum Nm. b, Dactylogyrus fallax Wg b, difformis Wg. b, crucifer Wg. b, Distomum globiporum R. i, Holostomum musculicola Wdb. m, Diplostomum volvens Nm. o, cuticola D. c, **C** Ligula digramma Cr. a, Triaenophorus nodulosus R. i, Caryophyllaeus mutabilis R i, **E** Echinorynchus proteus W. i, angustatus R. i, clavaeceps Z. i, **N** Trichosoma tomentosum Duj. i, Ascaris acus Bl. pt, cyprini erythrophthalmi R i, mucronata Sk. adeps, Ancyracanthus denudatus D. i.

In ruhigen Gewässern. Gemein.

5. S. *IDUS* Heckel ap. Russegger Reisen in Eur., v. 1; 1840.

Dentes faucales 3.5—5.3 compressi uncinati integri. Abdomen obtusum. Pinna dorsualis post ventrales.

Schlundzähne 3.5—5.3, zusammengedrückt, an der Spitze hakig gebogen, ungekerbt. Bauch ohne scharfe Kante. Rückenflosse hinter den Bauchflossen.

6. LEUCISCUS *idus* V. Aland, Nerfling, Gängling.

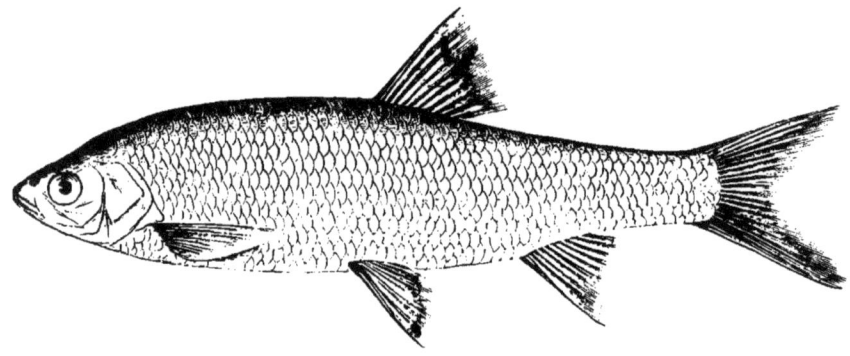

L. l. compressus, ore terminali.

B 3 D 3/8 P 1/15—16 V 2/8 A 3/9—10 C 19 Sq 9—10/54—59/4—5 Df 3.5—5.3.

Cyprinus iride sublutea, pinnis ventralibus anique rubris. Artedi g. pisc. 5 n. 14. syn. pisc. 14 n. 30. sp. pisc. 6; 1738. Leuciscus 4. Klein pisc. 5, 66; 1749.

Cyprinus *idus* Linné f. suec. 128; 1761. syst. nat. 529; 1766. Lacepède poiss. 5, 576; 1803.

Cyprinus *orfus* Linné syst. nat. 530; 1766. Bloch Fische Deutschl. 3, 175 t. 96; 1785.

Cyprinus *jeses* Linné syst. nat. 530; 1766. Bloch Fische Deutschl. 1, 58 t. 6; 1783. Meidinger pisc. austr., t. 42; 1794.

Cyprinus *idbarus* Meidinger pisc. austr., t. 14; 1786.

Leuciscus *jeses* Valenciennes poiss. 17, 160; 1844.

Leuciscus *orphus* Valenciennes poiss. 17, 224; 1844.

Leuciscus *idus* Valenciennes poiss. 17, 228; 1844. Günther fish. 7, 229; 1866.

Idus *melanotus* Heckel u. Kner Fische Östr. 147; 1858. Siebold Fische Mitteleur. 176; 1863. Benecke Fische Preuss. 133; 1881.

Idus *miniatus* Heckel u. Kner Fische Östr. 151; 1858.

30—60 cm. Leib gestreckt, zusammengedrückt. Mund endständig, klein. Rücken schwarzblau oder schwarzgrün, messingglänzend; Seiten bläulichweiss; Bauch silberglänzend. Rücken- und Schwanzflosse grauviolett, übrige Flossen rötlich.

Laichzeit April, Mai. Gegen 100000 sehr kleine Eier an Steinen und Wasserpflanzen.

Schmarotzer: N Ancyracanthus denudatus D., Ascaris leucisci idi D. i, acus Bl. pt, Trichosoma tomentosum Duj. i, E Echinorynchus proteus W. i, globulosus R. i, angustatus R. i, T Distomum globiporum R. i, inflexum R. i, Aspidogaster limacodes D. i, Diplostomum cuticola D. c, Tetracotyle typica D., echinata D. pt, Diplozoum paradoxum Ndm. b, C Taenia torulosa Batsch i, idi Vib. i, Caryophyllaeus mutabilis R. i, Bothriocephalus capillicollis Mégn., Cp Lamproglena pulchella Ndm. b, Tracheliastes polycolpus Ndm. p.

In grösseren Flüssen und Seen; an der Oberfläche. Verbreitet.

6. S. *LIPARUS*.[1])

Dentes fauceales 6—5 aut 5—5, anteriores conici, posteriores compressi oblique defricti.

---

1) λιπαρός glänzend.

Schlundzähne 6—5 oder 5—5, die vorderen kegelig; die hinteren zusammengedrückt, schräg abgeschliffen.

7. LEUCISCUS *rutilus* Ag. Plötze, Rotauge.

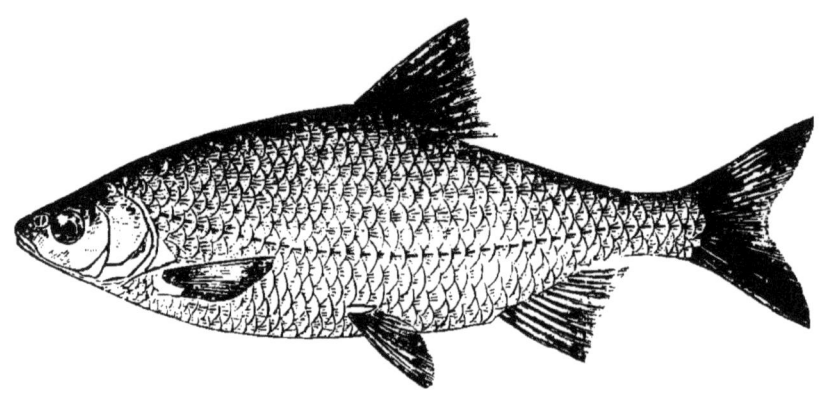

L. L. compressus, ore terminali, dentibus faucalibus posterioribus crenatis, pinna dorsuali ventralibus posteriore.

B 3 D 3/10—11 P 1/15 V 2/8 A 3/9—11 C 19 Sq 7--8/42—44/3—4 Df 6—5 aut 5--5.

Cyprinus iride, pinnis ventris ac ani plerumque rubentibus. Artedi g. pisc. 3 n. 1. syn. pisc. 10 n. 18. sp. pisc. 10; 1738.

Leuciscus 9. Klein pisc. 5, 67 t. 18 f. 1; 1749.

Cyprinus *rutilus* Linné f. suec. 130; 1761. syst. nat. 529; 1766. Bloch Fische Deutschl. 1, 41 t. 2; 1783. Meidinger pisc. austr., t. 26; 1788. Lacepède poiss. 5, 575; 1803.

Leuciscus *rutilus* Agassiz Mém. Soc. Sc. Nat. Neuchâtel 1, 38; 1835 Valenciennes poiss. 17, 130; 1844. Günther Fische d. Neckars 74; 1853. Heckel u. Kner Fische Östr. 169; 1858. Siebold Fische Mitteleur. 184; 1863. Günther fish. 7, 212; 1868. Benecke Fische Preuss. 136; 1881.

Leuciscus *pausingeri* Heckel Fische Syr. 49; 1843. Fische Östr. 172; 1858.

20—25 cm. Leib zusammengedrückt. Mund endständig, wenig schräg, klein. Zwischen Bauchflossen und After keine Kante. Rücken blaugrün oder graublau; Seiten silberglänzend; Bauch weiss. Flossen mennigrot. Iris rot.

Laichzeit April, Mai. 80—100000 Eier an pflanzenreichen Untiefen. Mann mit weissen Knötchen auf Scheitel und Rücken.

CYPRINIDAE.

Schmarotzer: N Ichthyonema sanguineum R. a, Ascaris dentata R. i, acus Bl. a, T Distomum globiporum R. i, Diplozoon paradoxum Nm. b, Dactylogyrus fallax Wg. b, dujardinianus D. b, trigonostomus Wg. b, Diplostomum volvens Nm. o, cuticola D. c, C Ligula digramma Cr. a, Caryophyllaeus mutabilis R. i.
In stillen Gewässern. Gemein.

8. LEUCISCUS *virgo* H. Frauennerfling.

L. L. compressus, ore subinfero, dentibus faucalibus posterioribus crenatis, pinna dorsuali ventralibus contraria.

B 3 D 3/9—12 P 1/16—17 V 2/8—9 A 3/11 C 19 S_q 7/46—49/4 Df 6—5 aut 5—5.

Cyprinus *idus* Meidinger pisc. austr., t. 36; 1790.
Leuciscus *virgo* Heckel Sitzb. Ak Wien 9, 69 t. 6. 7; 1852. Fische Östr. 175; 1858. Siebold Fische Mitteleur. 191; 1863.

20—40 cm. Leib zusammengedrückt, gestreckt. Kopf kurz, stumpf zugespitzt; Schnauze stumpf; Mund klein, halb unterständig. Schlundknochen plump, eckig; hintere Schlundzähne gekerbt. Schuppen gross. Rückenflosse über den Bauchflossen. Schwanzflosse breit, halbmondförmig ausgeschnitten. Rücken grünlichbraun; Seiten bläulich stahlglänzend; Bauch weiss. Rückenflosse geschwärzt; Brustflosse gelblich; Bauch-, After- und Schwanzflosse orange.
Laichzeit April, Mai. Mann mit knotigem Hautausschlage.
D Donau, Inn.

9. LEUCISCUS *meidingeri* H. Perlfisch.

L. L. teretiusculus elongatus, ore subinfero, rostro tumido, dentibus faucalibus integris, pinna dorsuali ventralibus contraria.

B 3 D 3/8—9 P 1/16—17 V 2/8—9 A 3/9—11 C 19 S_q 9—10/62—67/5—6 Df 6—5.

Cyprinus *grislagine* Meidinger pisc. austr., t. 40; 1790.
Leuciscus *meidingeri* Heckel Sitzb. Ak. Wien 9, 88 t. 9; 1852. Fische Östr. 178; 1858. Siebold Fische Mitteleur. 196; 1863.

40—60 cm. Leib walzlich, langgestreckt. Kopf vorne abgestumpft; Stirn breit; Schnauze aufgetrieben; Mund halb unterständig. Schlundzähne mit grosser Krone und gewölbten Kauflächen, ungekerbt. Schuppen klein. Rückenflosse über den Bauchflossen; Schwanzflosse tief ausgeschnitten. Rücken schwärzlichgrün; Seiten heller;

Bauch weiss. Schuppen schwärzlich gefleckt. Bauch- und Afterflosse rötlich oder bläulich; übrige Flossen grau.

Laichzeit Mai, Juni. Mann mit dornigem, bernsteingelbem Hautausschlage.

Schmarotzer: T Distomum globiporum R, C Caryophyllaeus mutabilis R.

D Chiemsee, Traunsee, Attersee, Mondsee: in grosser Tiefe.

CYPRINIDAE. 65

11. G. GOBIO Cuvier règne anim. 2, 273; 1829.

Cirri 2. Os inferum. Dentes faucales biseriati uncinati. Pinna dorsualis brevis, radio osseo nullo, e regione ventralium; analis brevis. 2 mundwinkelständige Barteln. Mund unterständig. Schlundzähne zweireihig. hakig. Rückenflosse kurz, ohne verknöcherten Strahl, den Bauchflossen gegenüberstehend. Afterflosse kurz.

1. GOBIO *fluviatilis* Ag. Gründling, Gressling.

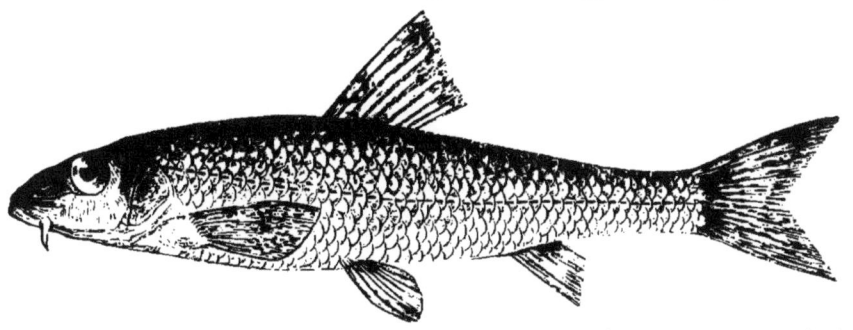

G. subcylindricus, cauda compressa, rostro obtuso convexo, cirris brevibus.

B 3 D 3/7 P 1/14—15 V 2/8 A 3/6 C 19 Sq 6,40—44,5 Dl 2.5—5.2 ant 3.5—5.2.

CYPRINUS quincuncialis maculosus, maxilla superiore longiore, cirris duobus ad os. Artedi g. pisc. 4 n. 10. syn. pisc. 11 n. 20. sp. pisc. 13; 1738.

ENCHELYOPUS (pinna dorsali brevi) 5. Klein pisc. 4, 60 t. 15 f. 5; 1744.

CYPRINUS *gobio* Linné syst. nat. 526; 1766. Bloch Fische Deutschl. 1, 73 t. 8 f. 2; 1783. Meidinger pisc. austr., t. 23; 1788. Lacepède poiss. 5. 533; 1803.

GOBIO *fluviatilis* Agassiz Mém. Soc. Sc. Nat. Neuchâtel 1, 36; 1835. Valenciennes poiss. 16, 300 t. 481; 1842. Siebold Fische Mitteleur. 112; 1863. Günther fish. 7, 172; 1868. Benecke Fische Preuss. 115; 1881.

GOBIO *obtusirostris* Valenciennes poiss. 16, 311; 1842.

LEUCISCUS *gobio* Günther Fische des Neckars 44; 1853.

GOBIO *vulgaris* Heckel u. Kner Fische Östr. 90; 1858.

10—15 cm. Leib gestreckt, wenig zusammengedrückt. Schnauze stumpf, gewölbt. Barteln bis unter die Augen reichend. Rücken grau- oder gelbgrünlich, schwarz gesprenkelt; Seiten silberglänzend

5

mit bläulichem Schimmer. Flossen graugelb; Rücken- und Schwanzflosse dunkel gefleckt.

Laichzeit Mai, Juni. Eier 2 mm gross, hell bläulich, an flachen Stellen mit Steingrund.

Nahrung: kleine Tiere, faulende Pflanzenstoffe.

Schmarotzer: **N** Ascaris cuneiformis R. i, Agamonema ovatum D. h, Filaria ovata a, **E** Echinorynchus clavaeceps Z. i, angustatus R. i, proteus W. i, globulosus R. i, linstowii Ham., **T** Gastrostomum fimbriatum Sb., Dactylogyrus major Wg. b, Diplostomum cuticola D. c, Diplozoon paradoxum Nm. b, **C** Caryophyllaeus mutabilis R. i, Ligula digramma Cr. a.

In Bächen mit Sand- oder Tongrund, gesellig. Verbreitet.

2. GOBIO *uranoscopus* Ag.

G. cylindricus, cauda tereti tenui, capite dorsoque depressis. rostro lato declivi, cirris longis.

B 3 D 2/7 P 1/13 V 1/6 A 2 6 C 19 Sq 5/40—42/4.

Cyprinus u. Agassiz Isis 1048 t. 12 f. 1; 1828.

Gobio u. Agassiz Mém. Soc. Sc. Nat. Neuchâtel 1, 36; 1835. Valenciennes poiss. 16, 312; 1842. Heckel u. Kner Fische Östr. 93; 1858. Siebold Fische Mitteleur. 115; 1863. Günther fish. 7, 173; 1868.

12—13 cm. Leib gestreckt, walzig; Kopf und Rücken niedergedrückt; Schwanz walzig, schmächtig. Schnauze breit, schräg abfallend. Barteln fast bis zur Brustflosse reichend. Weisslich; Oberseite grau, ungefleckt; vom Rücken zur Seitenlinie herab mehre schwarze Querbinden. Flossen gelblich; auf der Rücken- und Schwanzflosse 1 oder 2 braune Fleckenbinden.

Laichzeit Mai, Juni.

D Isar, Salzach.

12. G. BARBUS Cuvier règne anim. 2, 272; 1829.

Cirri 2 aut 4. Dentes fauceales triseriati. Pinna dorsualis brevis, radio tertio osseo crasso; analis brevis.

Mund mit 2 oder 4 Barteln. Schlundzähne dreireihig. Rückenflosse kurz; ihr dritter Strahl verknöchert, verdickt. Afterflosse kurz.

1. BARBUS *fluviatilis* Ag. Barbe.

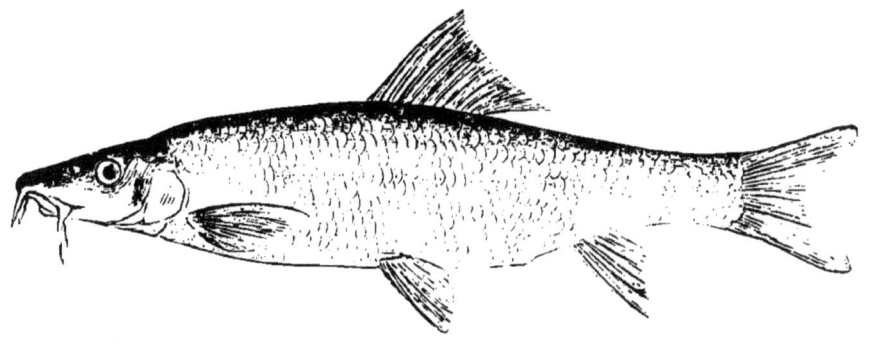

B. labiis tumidis, cirris 4 crassis, pinnae dorsualis radio osseo serrato.

B 5 D 3,8–9 P 1/15–17 V 2/8 A 3/5 C 19 Sq 11–12/58– 60/7–8 Df 2 . 3 . 5–5 . 3 . 2.

CYPRINUS maxilla superiore longiore, cirris quatuor, pinna ani ossiculorum 7. Artedi g. pisc. 4 n. 11. syn. pisc. 8 n. 14; 1738.

MYSTUS 1. Klein pisc. 5, 64; 1749.

CYPRINUS *barbus* Linné syst. nat. 525; 1766. Bloch Fische Deutschl. 1, 138 t. 18; 1783. Meidinger pisc. austr., t. 11; 1786. Lacepède poiss. 5, 524; 1803.

BARBUS *vulgaris* Fleming brit. an. 185; 1828. Günther fish. 7, 88; 1868.

BARBUS *fluviatilis* Agassiz Mém. Soc. Sc. Nat. Neuchâtel 1, 37; 1835. Valenciennes poiss. 16, 125; 1842. Günther Fische d. Neckars 40; 1853. Heckel u. Kner Fische Östr. 79; 1858. Siebold Fische Mitteleur. 109; 1863. Benecke Fische Preuss. 113; 1881.

30–50 cm. Leib gestreckt, wenig zusammengedrückt. Schnauze rüsselförmig; Oberlippe weit vorstehend, fleischig; Unterlippe wulstig. 2 Barteln an der Oberlippe, 2 längere in den Mundwinkeln. Nasenöffnung doppelt, die hintere durch einen Hautlappen bedeckt. Der 3. Strahl der Rückenflosse am Hinterrande gesägt. Schwanzflosse tief ausgeschnitten. Rücken grau- oder olivgrün mit bläulichem

CYPRINIDAE.

Schimmer; Seiten gelblich; Bauch weisslich. Rückenflosse dunkel graugrün, Schwanzflosse graugelblich, übrige Flossen gelbrötlich.
Laichzeit Mai, Juni. 8—10000 hirsekorngrosse Eier.
Nahrung: Insektenlarven, Würmer, kleine Fische, tierische Abfälle.
Schmarotzer: **N** Ascaris dentata R. v. i, **E** Echinorynchus clavaeceps Z. i, globulosus R. i, angustatus R i, proteus W. i, **T** Distomum nodulosum Z. i, globiporum R. i, punctum Z. i, ferruginosum Lw. i, Monostomum cochleariforme R. i, Diplostomum brevicaudatum Nm. o, Dactylogyrus malleus Lw. b, **C** Caryophyllaeus mutabilis R. i, Bothriocephalus rectangulus R. i, Triaenophorus nodulosus R.
In Flüssen und Seen; am Grunde. Verbreitet.

2. BARBUS *petenyi* H. Semling.

B. labiis subtumidis, cirris 4 subgracilibus, pinnae dorsualis radio osseo integro, analis radiis longis.

B 5 D 3/8 P 1/14 V 2/8 A 3/5 C 19 Sq 12/58—60 10 Df 2.3.5—5.3.2.

BARBUS *petenyi* Heckel Fische Ung., Mitt. Fr. Ntw. Wien 3, 194; 1848. Heckel u. Kner Fische Östr. 87; 1858. Siebold Fische Mitteleur. 111; 1863. Günther fish. 7, 95; 1868. Benecke Fische Preuss. 114; 1881.

PSEUDOBARBUS *leonhardi* Bielz Fische Siebenb., Vh. Siebenb. V. Ntw. 4, 173. 179 t. 3 f. 1; 1853.

20 cm. Lippen mässig wulstig, Barteln nicht sehr dick. Knochenstrahl der Rückenflosse ungesägt. Afterflosse langstrahlig, zurückgelegt bis zur Schwanzflosse reichend.

In Bächen und Flüssen. **O** Olsa bei Teschen; **Wl** Weichsel bei Krakau; Passarge bei Braunsberg.

CYPRINIDAE.

13. G. CYPRINUS Artedi g. pisc. 2; 1738.

Os terminale. Squamae magnae. Pinnae dorsualis longae et analis brevis radius tertius osseus postice serratus.

Mund endständig. Schuppen gross. Rückenflosse lang, Afterflosse kurz; in beiden der dritte Strahl stark, am Hinterrande gesägt.

1. CYPRINUS carpio L. Karpfe.

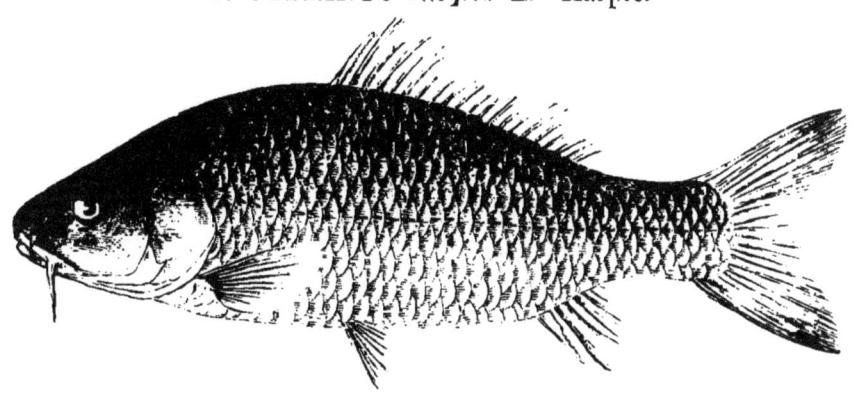

C. cirris 4, dentibus faucalibus triserialibus, pinna dorsuali truncata, caudali excisa.

B 3 D 3—4/17—22 P 1/15—16 V 2/8—9 A 3/5 C 17—19 Sq 5—6/35—39/5—6 Df 1.1.3—3.1.1.

C. cirris quatuor, ossiculo tertio pinnarum dorsi ac ani uncinulis armato. Artedi g. pisc. 4 n. 8. syn. pisc. 3. sp. pisc. 25; 1738.

C. 1. 2. Klein pisc. 5, 59; 1749.

C. *carpio* Linné f. suec. 127; 1761. syst. nat. 525; 1766. Bloch Fische Deutschl. 1, 117 t. 16; 1783. Meidinger pisc. austr., t. 6; 1785. t. 41; 1794. Lacepède poiss. 5, 504; 1803. Valenciennes poiss. 16, 23; 1842. Günther Fische d. Neckars 35; 1853. Heckel u. Kner Fische Östr. 54; 1858. Siebold Fische Mitteleur. 84; 1863. Günther fish. 7, 25; 1868. Benecke Fische Preuss. 106; 1881.

Rex cyprinorum Bloch Fische Deutschl. 1, 137 t. 17; 1783.

C. *nudus* Bloch Fische Deutschl. 3, 226; 1785.

C. *specularis* Lacepède poiss. 5, 528; 1803.

C. *coriaceus* Lacepède poiss. 5, 528; 1803.

C. *hungaricus* Heckel Ann. Wien. Mus. 1, 222 t. 19 f. 1; 1835. Valenciennes poiss. 16, 65; 1842. Heckel u. Kner Fische Östr. 60; 1858.

C. *elatus* Valenciennes poiss. 16, 62; 1842.

C. *regina* Valenciennes poiss. 16, 63; 1842. Heckel u. Kner Fische Östr. 62; 1858.

C. *nordmanni* Valenciennes poiss. 16, 66 t. 456; 1842.
C. *acuminatus* Heckel u. Kner Fische Östr. 58, 1858.
30—60 cm. Leib mässig zusammengedrückt. Mund ziemlich weit; Lippen dick. Jederseits am Oberkiefer eine kleine, am Mundwinkel eine grössere Bartel. Krone der Schlundzähne rundlich. Rückenflosse abgestutzt; Schwanzflosse ausgeschnitten. Der 3. Strahl der Rücken- und Afterflosse am Hinterrande grob gesägt. Rücken schwärzlich; Seiten und Bauch gelblich.

Laichzeit April bis Juni. 3—700000 gelbliche 1,3 mm grosse Eier an Steinen und Pflanzen. Mann mit weissen Hautwarzen.

Nahrung: kleine Wassertiere, zerfallende Pflanzenstoffe.

Schmarotzer: N Ascaris acus Bl. pt, carpionis Lw., E Echinorynchus claváceps Z. i, globulosus R. i, angustatus R., proteus W., T Gyrodactylus elegans Nm. b, Dactylogyrus auriculatus D. b, mollis Wedl. b, dujardinianus D. b, anchoratus Duj. b, Distomum globiporum R. i, Diplostomum cuticola D. c, Tetracotyle typica D. tun. intest., C Caryophyllaeus mutabilis R. i. **D** Piscicola geometra Blv. c, **Cp** Lernaeocera cyprinacea L. m, Ergasilus sieboldii Nm. b, Argulus foliaceus L. c.

In langsam fliessenden und stehenden Gewässern mit schlammigem Grunde. Verbreitet.

2. CYPRINUS *carassius* L. Karausche, Gareisel.

C. cirris subnullis, dentibus faucalibus uniserialibus, pinna dorsuali rotundata, caudali emarginata.

CYPRINIDAE.

B 3 D 3/14–21 P 1/12—13 V 2/7—8 A 3/5- 6 C 19—20 Sq 7 8/31 35/5 - 6 Df 4—4.

Cyprinus pinna dorsi ossiculorum 20, linea laterali recta. Artedi g. pisc. 4 n. 7. syn. pisc. 5 n. 5. sp. pisc. 29; 1738.
Cyprinus 4. Klein pisc. 5, 59 t. 11 f. 1. 2; 1749.
Cyprinus carassius Linné f. succ. 128; 1761. syst. nat. 526; 1766. Bloch Fische Deutschl. 1, 87 t. 11; 1783. Meidinger pisc. austr., t. 27; 1788. Lacepède poiss. 5, 549; 1803. Valenciennes poiss. 16, 82 t. 459; 1842. Günther Fische d. Neckars 38; 1853.
Cyprinus gibelio Bloch Fische Deutschl. 1, 90 t. 12; 1783. Lacepède poiss. 5, 565; 1803. Valenciennes poiss. 16, 90; 1842.
Carassius vulgaris Nilsson. Heckel u. Kner Fische Östr. 67; 1858. Siebold Fische Mitteleur. 98; 1863. Günther fish. 7, 29; 1868. Benecke Fische Preuss. 109; 1881.
Carassius gibelio Nilsson. Heckel u. Kner Fische Östr. 70; 1858.
Cyprinus moles Valenciennes poiss. 16, 89; 1842.
Carassius moles Heckel u. Kner Fische Östr. 71; 1858.
Carassius oblongus Heckel u. Kner Fische Östr. 73; 1858.

10—30 cm. Leib stark zusammengedrückt, hoch. Mund eng; Lippen dünn. Barteln fehlend oder schwach angedeutet. Schlundzähne 4, einreihig; der erste kegelig, die übrigen spatelig mit einer Furche. Rückenflosse abgerundet; Schwanzflosse leicht ausgerandet. Der 3. Strahl der Rücken- und Afterflosse am Hinterrande fein gesägt. Rücken braungrün; Seiten messinggelb; Bauch gelblichweiss. Flossen gelblich, schwärzlich gesäumt.

Lachzeit Mai, Juni. 1—300000 Eier an Pflanzen.

Nahrung: kleine Tiere, zerfallende Pflanzenstoffe.

Schmarotzer: N Ichthyonema sanguineum R. a, E Echinorynchus clavaceps Z. i. T Dactylogyrus anchoratus Duj., Diplozoon paradoxum Nm. b, C Caryophyllaeus mutabilis R. i, Ligula digramma Cr. a, monogramma Cr. i, Cp Lernaeocera cyprinacea L. m.

In stehenden Gewässern Verbreitet.

8. F. SILURIDAE Bonaparte distr. met. vert.; 1831.

Os cirrosum. Malae superioris margo ossibus intermaxillaribus constans. Suboperculum nullum. Cutis nuda aut scutosa.

Mund mit Barteln. Oberkieferknochen verkümmert; Rand der Oberkinnlade von den Zwischenkiefern gebildet. Unterdeckel fehlend. Haut nackt oder mit Knochenschildern.

1. G. SILURUS Artedi g. pisc. 82; 1738.

Cutis nuda. Pinna dorsualis brevis aculeo nullo; ventrales dorsuali posteriores; analis elongata; caudalis rotundata; adiposa nulla.

Haut nackt. Rückenflosse sehr kurz, stachellos; Bauchflossen hinter der Rückenflosse; Afterflosse sehr lang; Schwanzflosse abgerundet; keine Fettflosse.

1. SILURUS glanis L. Wels, Waller, Schaid.

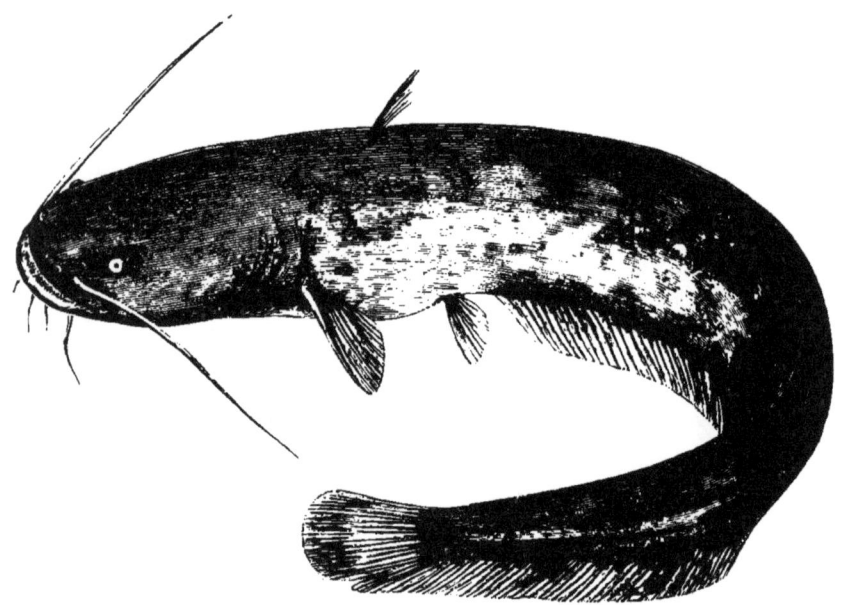

S. cirris 6, capite lato, ore amplo.
B 16 D 1/4 P 1/14—17 V 11—13 A 90—92 C 17—19.
S. cirris quatuor in mento. Artedi g. pisc. 82. syn. pisc. 110; 1738.
S. 1. Klein pisc. 4, 10 t. 1 f. 1; 1744.
S. g. Linné f. suec. 120; 1761. syst. nat. 501; 1766. Bloch Fische Deutschl. 1, 309 t. 34; 1783. Meidinger pisc. austr., t. 9;

SILURIDAE.

1785. Lacepède poiss. 5, 59; 1803. Valenciennes poiss. 14, 323 t. 409.
Heckel u. Kner Fische Östr. 308; 1858. Siebold Fische Mitteleur.
79; 1863. Günther fish. 5, 32; 1864. Benecke Fische Preuss. 103; 1881.
 1—4 m. Kopf breit, platt, vorne abgerundet; Leib vorne drehrund, hinten zusammengedrückt. Maul weit, mit mehren Binden von Hechelzähnen Am Oberkiefer 2 lange Barteln, am Unterkiefer 4 kürzere. Augen sehr klein. Vordere Nasenlöcher röhrenförmig, nahe der Oberlippe; hintere vor und zwischen den Augen. Rückenflosse mitten zwischen Brust- und Bauchflossen. Dicht hinter und über der Wurzel der Brustflossen eine enge, in einen innerhalb der Brustmuskeln gelegenen Hohlraum führende Öffnung. Hinter dem After eine Geschlechtswarze. Seitenlinie dem Rücken genähert. Oberseite schwärzlichgrün, heller marmorirt; Bauch weisslich.
 Laichzeit Mai, Juni. 60—100000 gelbliche 3 mm grosse Eier an Wasserpflanzen.
 Nahrung: Wassertiere, Aas.
 Schmarotzer: N Cucullanus elegans Z. i, Ascaris siluri Gm. i, glanidis Lw., Filaria bicolor Lw., Nematoideum siluri glanidis R. v, E Echinorynchus globulosus R. i, angustatus R. i, proteus W. i, T Distomum torulosum R. i, Dactylogyrus siluri glanidis Wg. b, C Taenia osculata Gz. i, Ligula digramma Cr. a.
 In grösseren Strömen und Seen auf dem Grunde. Verbreitet; fehlt im Wesergebiete.

2. C. **ANACANTHI** Müller Arch. Ntg.; 1845   Weichflosser.

Ossa supramaxillaria et intermaxillaria mobilia. Ossa faucalia inferiora discreta. Branchiae pectiniformes. Pinnarum radii articulati. Pinnae ventrales iugulares aut pectorales aut nullae. Physa clausa aut nulla.

Zwischenkiefer und Oberkiefer beweglich. Untere Schlundknochen getrennt. Kiemen kammförmig. Flossenstrahlen weich, gegliedert. Bauchflossen kehl- oder bruststäudig oder fehlend. Schwimmblase, wenn vorhanden, ohne Luftgang.

9. F. **PLEURONECTIDAE** Risso hist. nat. eur. mér., v. 3; 1826.

Branchiae 4. Parabranchiae. Corpus valde compressum, pinnis dorsuali et anali limbatum. Oculi in uno latere. Pinnae ventrales iugulares. Physa nulla.

4 Kiemen; Nebenkiemen vorhanden. Kopf und ein Teil des Körpers unsymmetrisch. Körper stark zusammengedrückt, sehr hoch, mit der einen Seite nach unten, mit der andern nach oben gerichtet. Obere Seite gefärbt, untere farblos, zuweilen gefleckt. Beide Augen auf der oberen Seite. Rücken- und Afterflosse sehr lang, ungeteilt. After weit nach vorn gerückt. Bauchflossen kehlständig. Keine Schwimmblase.

1. G. **PLEURONECTES** Artedi g. pisc. 16; 1738.

Oculi dextri. Os angustum. Dentes maxillares minuti 1—2-seriales, in latere caeco maiores. Vomer et palatina edentula. Pinna dorsualis supra oculos incipiens, radiis subsimplicibus. Squamae minutae aut nullae.

Augen auf der rechten, ausnahmsweise auf der linken Seite. Mundspalte eng. Kieferzähne klein, in ein oder zwei Reihen, auf der augenlosen Seite stärker. Pflugscharbein und Gaumenbeine zahnlos. Rückenflosse über den Augen beginnend, mit meist ungeteilten Strahlen. Schuppen sehr klein oder fehlend.

1. PLEURONECTES flesus L. Flunder.

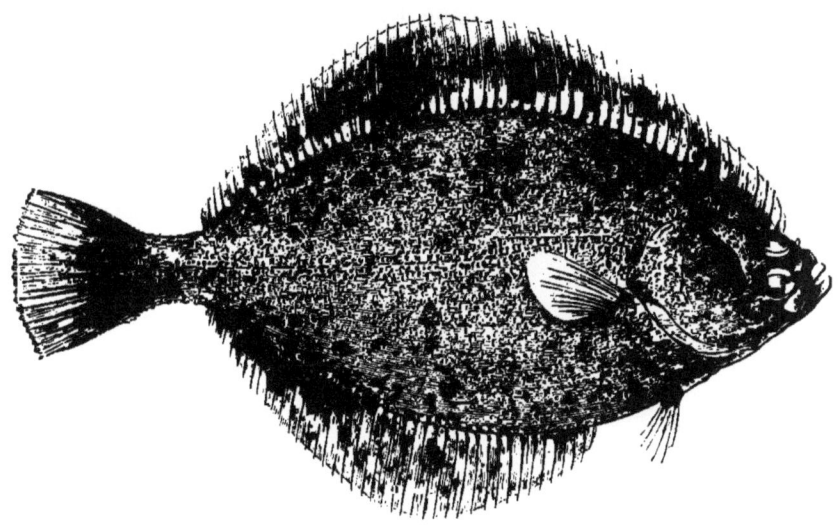

P. dentibus conicis, cute scabra, squamis cycloideis, stria laterali subrecta, pinnae analis radio primo spinaceo.

B 6 D 55—57 P 10—11 V 6 A 1/38—42 C 14—18.

PLEURONECTES oculis dextris, linea laterali aspera, spinulis supine ad radices pinnarum, dentibus obtusis. Artedi g. pisc. 17 n. 4. syn. pisc. 31 n. 2; 1738.

PLEURONECTES linea laterali aspera, spinulis ad radices pinnarum in latere oculato. Artedi sp. pisc. 59; 1738.

PASSER 1. part. Klein pisc. 4, 33 t. 2 f. 4; 1744.

PLEURONECTES *f.* Linné f. suec. 115; 1761. syst. nat. 457; 1766. Bloch Fische Deutschl. 2, 52 t. 44; 1784. Lacepède poiss. 4, 633; 1802. Günther fish. 4, 450; 1862. Benecke Fische Preuss. 98; 1881.

PLATESSA *f.* Siebold Fische Mitteleur. 77; 1863.

20—30 cm. Zähne kegelförmig. Erster Strahl der Afterflosse ein kurzer Stachel. Haut mit spärlichen, tiefliegenden kleinen Rundschuppen bedeckt. Am Grunde jedes Strahles der Rücken- und Afterflosse ein vielspitziger Knochenhöker; eben solche zu beiden Seiten der die Brustflosse in einem sehr flachen Bogen umgehenden Seitenlinie; kleinere über die ganze Oberfläche zerstreut. Augenseite braungelb mit dunkleren Flecken; augenlose Seite gelblich weiss, schwarz gesprenkelt.

Laichzeit: Mai.

Nahrung: Muscheln, Insektenlarven.

Schmarotzer: **N** Ascaris collaris R. i, flesi Lw., Cucullanus heterochrous i, Agamonema commune D. m, flesi Lw., Heteracis foveolata R. i, Dacnitis fusiformis Mol. i, **E** Echinorynchus angustatus R. i, proteus W. v. i, gibbosus R. h, pleuronectis platessoidis R. i, tereticollis v, **T** Distomum atomum R. v, appendiculatum R. v. i, furciferum Ols. v. i, **C** Bothriocephalus punctatus R. i, Triaenophorus nodulosus R. h, **Cp** Caligus curtus M. b.

In der Nordsee und Ostsee, in die Flüsse aufsteigend.

10. F. GADIDAE Bonaparte distr. met. vert.; 1831.

Spiraculum amplum. Pinnae dorsuales 1—3, anales 1—2; ventrales iugulares. Squamae minutae cycloideae. Physa clausa.
Kiemenöffnung weit. 1-3 Rückenflossen; 1—2 Afterflossen. Bauchflossen kehlständig. Kleine Rundschuppen. Schwimmblase vorhanden.

1. G. LOTA Cuvier règne anim. 2, 333; 1829.

Cirrus 1 mentalis. Maxillae et vomer dentata; palatina edentula. Membrana branchiostega radiis 7. Pinnae dorsuales 2; analis 1; caudalis discreta; ventrales radiis 6.

1 Bartel am Kinne. Kiefer und Pflugscharbein bezahnt; Gaumenbeine zahnlos. Kiemenhaut 7strahlig. 2 Rücken-, 1 Afterflosse. Schwanzflosse selbständig. Bauchflossen 6strahlig.

1. LOTA vulgaris C. Quappe, Rutte.

L. teres, cauda compressa, mala inferiore superiori subaequali, dentibus minutis aequalibus.

B 7 D$_1$ 12—14 D$_2$ 68—74 P 18—20 V 5—6 A 65—70 C 36—40.
Gadus dorso dipterygio, ore cirrato, maxillis aequalibus. Artedi g. pisc. 22 n. 10. syn. pisc. 38; 1738.
Silurus cirro unico in mento. Artedi sp. pisc. 107; 1738.
Enchelyopus (pinna dorsali longa) 13. Klein pisc. 4, 57 t. 15 f. 2; 1744.
Gadus lota Linné f. suec. 112; 1761. syst. nat. 410; 1766. Bloch Fische Deutschl. 2, 246 t. 70; 1784. Meidinger pisc. austr., t. 8; 1785. Lacepède poiss. 2, 435; 1800.
Lota vulgaris Cuvier. Günther Fische d. Neckars 124; 1853. Heckel u. Kner Fische Östr. 313; 1858. Siebold Fische Mitteleur. 73; 1863. Benecke Fische Preuss. 89; 1881.

30—60 cm. Körper gestreckt, vorne rundlich, hinten zusammengedrückt. Kiefer fast gleich lang, mit zwei Reihen von Bürstenzähnen. Pflugscharbein mit etwas stärkeren Zähnen. Am Kinne eine Bartel, manchmal daneben noch eine kleinere. Nasenlöcher

GADIDAE.

doppelt, rundlich, das vordere mit einer kleinen Bartel. Schwanzflosse gerundet. Alle Flossenstrahlen sehr weich, mit fast häutigem Ende. Haut schleimig, mit kleinen ovalen concentrisch gestreiften Schuppen. Schwimmblase lang, vorne tief eingebuchtet. Oberseite olivengrün, braun und schwarz marmorirt; Unterseite weisslich.

Laichzeit Dezember, Januar. Etwa 1 Million 1 mm grosser Eier.

Nahrung: kleine Tiere, Fische, Fischlaich.

Schmarotzer: N Ascaris mucronata Sk. v, tenuissima R. i, lotae Lw., Cucullanus elegans Z. i, Trichosoma brevispiculum Lw., Agamonema bicolor D. pt, E Echinorynchus globulosus R. i, tuberosus Z. i, angustatus R. i, proteus W. i, T Distomum tereticolle R. pl, appendiculatum R. v. i, simplex R. i, Diplostomum volvens Nm. o, Gastrostomum fimbriatum Sb., Diplozoon paradoxum Nm. b, C Tetrarynchus lotae Ben., Cyathocephalus truncatus P., Taenia ocellata R., torulosa Batsch, Bothriocephalus rugosus R. app. pyl., infundibuliformis R., latus L., Triaenophorus nodulosus R. h. a, Acrobothrium typicum Ols. v, app. pyl., Cp Lernaeocera esocina Bm. c.

In Flüssen mit klarem Wasser. Verbreitet.

GASTROSTEIDAE.

3. C. ACANTHOPTERI Müller Arch. Ntg.; 1845. Stachelflosser.
Ossa intermaxillaria et supramaxillaria mobilia. Ossa faucalia inferiora discreta. Branchiae pectinatae. Pinnarum dorsualis analis ventralium radii anteriores spinacei. Physa clausa.
Zwischenkiefer und Oberkiefer beweglich. Untere Schlundknochen getrennt. Kiemen kammförmig. Strahlen des vorderen Teiles der Rücken-, After- und Bauchflossen ungegliederte Stacheln. Schwimmblase, wenn vorhanden, im ausgebildeten Zustande ohne Luftgang.

11. F. GASTROSTEIDAE Bonaparte vert. syst.; 1837.
Rostrum subproductum; ore angusto. Spinae dorsuales liberae.
Schnauze vorgezogen; Mund klein. Stachelteil der Rückenflosse aus freien Stacheln bestehend.

1. G. GASTROSTEUS Artedi g. pisc. 52; 1738.

Os obliquum. Ossa suborbitalia genam obtegentia. Operculum inerme. Cutis nuda aut scutata. Pinnae ventrales abdominales, radiis. 2.
Mundspalte schief. Unteraugenknochen die Wange bedeckend. Deckel ohne Dornen. Haut nackt oder mit Schildern. Bauchflossen zweistrahlig, bauchständig.

1. GASTROSTEUS pungitius L. Zwergstichling.

G. rostro brevi, corpore compresso, spinis dorsualibus 7—12, pinna caudali rotundata.
B 3 D 7—12/11 P 9—10 V 1/1 A 1/9—11 C 13.
GASTEROSTEUS aculeis in dorso 10. Artedi g. pisc. 52 n. 2. syn. pisc. 80 n. 2. sp. pisc. 97; 1738.
CENTRISCUS 4. Klein pisc. 4, 48; 1744.
GASTEROSTEUS *pungitius* Linné f. succ. 118; 1761. syst. nat. 491; 1766. Bloch Fische Deutschl. 2, 108 t. 53 f. 4: 1784. Lacepède poiss. 3, 297; 1802. Cuvier poiss. 4, 506; 1829. Günther fish. 1, 6; 1859. Siebold Fische Mitteleur. 72; 1863. Benecke Fische Preuss. 75; 1881.

4—5 cm. Schnauze nicht verlängert. Rumpf seitlich zusammengedrückt, nicht kantig; nackt oder am Schwanze jederseits mit einer

Längsreihe von 10—11 Kielschuppen. 7—12, am häufigsten 9 kleine Rückenstacheln. Rücken- und Afterflosse nach hinten allmählich abfallend. Schwanzflosse abgerundet. Rücken grün- oder blauschwärzlich, Seiten und Bauch silberglänzend. Mann im Sommer unten oft tief schwarz.

Laichzeit April bis Juni. Eier in einem kugeligen Neste.

Nahrung: kleine Tiere, Fischlaich.

Schmarotzer: **E** Echinorynchus tuberosus Z. i, **T** Gyrodactylus elegans Nm. b. p, **C** Taenia filicollis R. i, Triaenophorus nodulosus R. h, Schistocephalus dimorphus Cr. a.

In Gewässern aller Art. Nordsee, Sylt; Ostsee, Rügen; **R** Rhein bei Speyer; **Ems** Zwischenaner Meer, **Wr** Oker bei Braunschweig; **E** Salziger See, Teiche bei Torgau, Wupatzsee bei Erkner, Rüdersdorfer Kalkbruch, bei Berlin in der Oberpanke, im Zingergraben bei Pankow, in vielen Wiesengräben des Niederbarnim und Teltow, dem Fischergraben bei Rosental, Gräben bei Britz und Rudow.

2. GASTROSTEUS *aculeatus* L. Stichling.

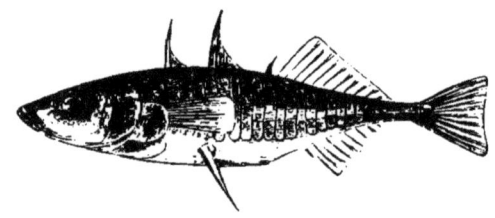

G. rostro brevi, corpore compresso, spinis dorsualibus 3, pinna caudali truncata.

B 3 D 3/10—12 P 9—10 V 1/1 A 1/8 C 12.

GASTEROSTEUS aculeis in dorso 3. Artedi g. pisc. 52 n. 1. syn. pisc. 80 n. 1. sp. pisc. 96; 1738.

CENTRISCUS 2. Klein pisc. 4, 48 t. 13 f. 4.5; 1744.

GASTEROSTEUS *aculeatus* Linné f. suec. 118; 1761. syst. nat. 489; 1766. Bloch Fische Deutschl. 2, 104 t. 53 f. 3; 1784. Heckel u. Kner Fische Östr. 38; 1858. Günther fish. 1, 2; 1859. Siebold Fische Mitteleur. 66; 1863. Benecke Fische Preuss. 73; 1881.

GASTEROSTEUS *leraculeatus* Lacepède poiss. 3, 296; 1802.

GASTEROSTEUS *trachurus* Cuvier règne animal 2, 170; 1829. poiss. 4, 481; 1829.

GASTEROSTEUS *gymnurus* Cuvier règne animal 2, 170; 1829.

GASTEROSTEUS *leiurus* Cuvier poiss. 4, 481 t. 98; 1829. Günther Fische d. Neckars 29; 1853.

GASTEROSTEUS *brachycentrus* Heckel u. Kner Fische Östr. 41; 1858.
6—8 cm. Schnauze nicht verlängert. Rumpf seitlich zusammengedrückt, nicht kantig; nackt oder an den Seiten mit einer Reihe von Schuppenplatten. Drei starke Rückenstacheln, der mittlere am grösten. Rücken- und Afterflosse nach hinten allmählich abfallend. Schwanzflosse abgestutzt, etwas ausgerandet. Rücken dunkler oder heller olivengrün oder blauschwarz, Seiten und Bauch silberglänzend, Flossen grünlichgrau. Seiten, Brust und Bauch des Mannes zur Laichzeit rot.

Laichzeit April bis Juni. 60—100 Eier in einem aus Pflanzenfasern bestehenden, kugeligen, vom Manne gebauten und bewachten Neste.

Nahrung: kleine Tiere, Fischlaich.

Schmarotzer: N Cucullanus elegans Z. i, Ascaris gastrostei R. i, aculeati Lw., Agamonema papilligerum D. pt, bicolor D. pt, Agamonematodum gastrostei Lw, E Echinorynchus angustatus R. i, tuberosus Z. i, linstowii Ham., T Distomum ventricosum R. i, appendiculatum R. v. i, Monostomum caryophyllinum Z i, Gyrodactylus elegans Nm. b, C Triaenophorus nodulosus R. i, Taenia filicollis R. i, Schistocephalus dimorphus Cr. a, **Cp** Lernaeocera esocina Bm. c, Argulus foliaceus L. c.

In Gewässern aller Art. Fehlt im Donaugebiete, in der Schweiz bis auf die Umgegend von Basel und in Böhmen; übrigens gemein.

12. F. COTTIDAE Swainson cl. fish.; 1839.

Dentes minuti. Ossa suborbitalia dilatata cum praeoperculo coniuncta. Pinnae ventrales inter pectorales.

Bezahnung schwach, bürstenförmig. Knochen des unteren Augenhöhlenrandes breit, durch eine knöcherne Stütze mit dem Winkel des Vordeckels verbunden. Bauchflossen bruststündig.

1. G. COTTUS Artedi g. pisc. 48; 1738.

Caput latum depressum antice rotundatum; truncus teres; cauda compressa. Palatum edentulum. Operculum spinosum. Pinnae pectorales magnae rotundatae. Cutis nuda, linea laterali. Physa nulla.

Kopf breit, platt, vorne abgerundet; Rumpf drehrund, hinten seitlich zusammengedrückt. Gaume zahnlos. Deckelapparat bedornt. Brustflossen gross, gerundet. Haut nackt, mit Seitenlinie. Keine Schwimmblase.

1. COTTUS *gobio* L. Groppe, Kaulkopf.

C. naribus anterioribus tubulosis, praeoperculo et subopurculo spina 1, cute mucosa verrucosa.

B 6 D_1 6—9 D_2 15—18 P 13—14 V 1/4 A 12—13 C 13.

Cottus alepidotus glaber, capite diacantho. Artedi g. pisc. 48 n. 1. syn. pisc. 76. sp. pisc. 82; 1738.

Percis 17. Klein pisc. 5, 43; 1749.

Cottus *gobio* Linné f. suec. 114; 1761. syst. nat. 452; 1766. Bloch Fische Deutschl. 2, 17 t 39 f. 2; 1784. Meidinger pisc. austr., t. 17; 1786. Lacepède poiss. 3, 252; 1802. Valenciennes poiss. 4, 145; 1829. Günther Fische d. Neckars 17; 1853. Heckel u. Kner Fische Östr. 27; 1858. Günther fish. 2, 156; 1860. Siebold Fische Mitteleur. 62; 1863. Benecke Fische Preuss. 68; 1881.

COTTIDAE. 83

Cottus *poecilopus* Heckel Ann. Wien. Mus. 2, 145 t. 8 f. 1.2;
1836. Fische Östr. 31; 1858. Günther fish. 2, 157; 1860. Siebold
Fische Mitteleur. 64; 1863.
Cottus *microstomus* Heckel Ann. Wien. Mus. 2, 147 t. 8 f. 3.4;
1836. Fische Östr. 32; 1858.
Cottus *ferrugineus* Heckel u. Kner Fische Östr. 34; 1858.

10—15 cm. Am Vordeckel und Unterdeckel je ein gekrümmter Dorn. Vordere Nasenlöcher röhrenförmig. Haut schleimig mit warzigen Erhebungen. Kopf und Seitenlinie mit Poren. Schwanzflosse abgerundet. Oberseite graubräunlich mit dunkleren Flecken; Unterseite grauweiss, beim Manne bräunlich gefleckt, beim Weibe ungefleckt.

Laichzeit März, April. Eier rötlichgelb, in Klumpen von 100 bis 1000 Stück in einer vom Manne gescharrten und bewachten Kiesgrube.

Nahrung: kleine Tiere, Fischlaich.

Schmarotzer: **E** Echinorynchus angustatus R. i, proteus W. i. **C** Scolex polymorphus R. v. i, Triaenophorus nodulosus R. h, **T** Diplozoum paradoxum Nm. b, Monostomum cotti Zsch.

In Bächen und Seen mit steinigem Grunde. Gemein.

13. F. PERCIDAE Bonaparte distr. met. vert.; 1831.

Cirri nulli. Intermaxillaria mandibulae vomer palatum dentata. Opercula dentata aut spinosa. Squamae ctenodes. Linea lateralis integra.

Mund ohne Barteln. Zwischenkiefer, Unterkiefer, Pflugscharbein, Gaume bezahnt. Kiemendeckelstücke gezähnelt oder bedornt. Kammschuppen. Seitenlinie ununterbrochen.

1. G. PERCA Artedi g. pisc. 39; 1738.

Lingua levis. Radii branchiostegi 7. Squamae fixae.
Zunge unbezahnt. 7 Kiemenhautstrahlen. Schuppen festsitzend.

1. S. ASPRO Cuvier règne anim. 2, 135; 1829.

Os inferum. Dentes aequales. Praeoperculum serratum, operculum spina 1. Pinnae dorsuales discretae, analis spina 1.

Mund unterständig. Nur Bürstenzähne. Vordeckel gesägt, Deckel mit einem Dorne. Rückenflossen getrennt. Afterflosse mit 1 Stachel.

1. PERCA aspera L. Streber.

P. A. capite rotundato, cauda gracili, pinnarum ventralium radiis longis.

B 7 D$_1$ 8—9 D$_2$ 1/12—13 P 14 V 1/5 A 1/12 C 17 Sq 5/70—80/10.

PERCA asper Linné syst. nat. 482; 1766. Bloch Fische Deutschl. 3, 223 t. 107 f. 1; 1785.

DIPTERODON asper Lacepède poiss. 4, 170; 1802.

ASPRO vulgaris Heckel u. Kner Fische Östr. 14; 1858. Günther fish. 1, 78; 1859.

ASPRO streber Siebold Fische Mitteleur. 54; 1863.

14—17 cm. Kopf rundlich; Schwanz lang und schmächtig; Schwanzflosse kurz. Strahlen der Bauchflossen sehr lang. Grau bis braungelb mit 4—5 schwärzlichen schiefen Binden; Bauch weisslich; Flossen gelblich grau.

Laichzeit März, April.

Schmarotzer: N Ascaris dentata R. i, T Distomum nodulosum Z. i.

Im Donaugebiete in fliessendem Wasser auf dem Grunde.

2. PERCA *zingel* L. Zingel.

P. A. capite subtriangulari, cauda brevi.

B 7 D_1 12—14 D_2 1/18—20 P 14 V 1/5 A 1/12—13 C 21 Sq 7/90/13—14.

ASPERULUS 1. Klein pisc. 5, 28; 1749.

PERCA z. Linné syst. nat. 480; 1766. Bloch Fische Deutschl. 3, 219 t. 106; 1785. Meidinger pisc. austr., t. 4; 1785.

DUTERODON z. Lacepède poiss. 4, 170; 1802.

ASPRO z. Cuvier poiss. 2, 104; 1828. Heckel u. Kner Fische Östr. 16; 1858. Günther fish. 1, 78; 1859. Siebold Fische Mitteleur. 53; 1863.

30—40 cm Kopf beinahe dreieckig. Schwanz kurz und gedrungen. Grau- oder braungelb, schwärzlich punktirt mit schwärzlichen schiefen Binden vom Rücken nach vorn. Bauch weisslich. Flossen gelbgrau. Brust- und Schwanzflosse am Grunde geschwärzt.

Laichzeit April, Mai.

Schmarotzer: **N** Cucullanus elegans Z. i, **T** Distomum nodulosum Z. i.

Im Donaugebiete in fliessendem Wasser auf dem Grunde.

2. S. *LUCIOPERCA* Cuvier règne anim. 2, 138; 1829.

Os terminale. Dentes inaequales. Praeoperculum denticulatum, operculum subspinosum. Pinnae dorsuales contiguae, analis spinis 2.

Mund endständig. Zwischen den Bürstenzähnen einige grössere kegelförmige Zähne. Vordeckel gezähnelt; Deckel undeutlich bedornt. Rückenflossen dicht hinter einander. Afterflosse mit 2 Stacheln.

3. PERCA *lucioperca* L. Zander, Schill.

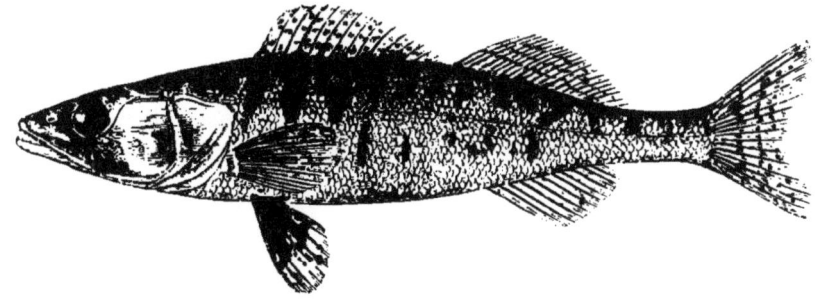

P. L. capite longo acutiusculo, praeoperculi ramo ascendente erecto.

B 7 D_1 14 D_2 1/20—22 P 15 V 1/5 A 2/11 C 17 Sq 12—14/75—90/16—20.

PERCA pallide maculosa, duobus dentibus maxillaribus utrinque maioribus. Artedi g. pisc. 39 n. 2. syn. pisc. 67 n. 2. sp. pisc. 76; 1738.

PERCA 2. Klein pisc. 5, 36 t. 7 f. 3; 1749.

PERCA *lucioperca* Linné f. succ. 117; 1761. syst. nat. 481; 1766. Bloch Fische Deutschl. 2, 81 t. 51; 1784. Meidinger pisc. austr., t. 1; 1785.

CENTROPOMUS *sandat* Lacepède poiss. 4, 255; 1802.

LUCIOPERCA *sandra* Cuvier poiss. 2, 110 t. 15; 1828. Heckel u. Kner Fische Östr. 8; 1858. Günther fish. 1, 75; 1859. Siebold Fische Mitteleur. 51; 1863. Benecke Fische Preuss. 63; 1881.

0,4—1,2 m. Leib gestreckt. Kopf stumpf zugespitzt. Der 4., 5. und 6. Strahl der ersten Rückenflosse am längsten. Rückenflossen dicht hinter einander, zuweilen durch einen Hautsaum verbunden. Schwanzflosse mässig ausgebuchtet. Bleigrau, gelblich- oder grünlichgrau, oben dunkler; Bauch weiss. Bisweilen 8—9 dunklere wolkige Querbinden an den Seiten. Rücken- und Schwanzflosse graulich, dunkel gefleckt; übrige Flossen gelblichgrau.

Laichzeit April bis Juni. 2—300000 leicht gelbliche 1—1,5 mm grosse Eier an Steinen und Pflanzen.

Nahrung: kleine Fische.

Schmarotzer: N Ascaris truncatula R. pt, Cucullanus elegans Z. i. o, E Echinorynchus proteus Westr. i, angustatus R. i, globulosus R., T Distomum tereticolle R. i, nodulosum Z. i, Gastrostomum fimbriatum Sb. i, Tetraonchus unguiculatus D. b, Diplostomum volvens Nm. o, Tylodelphys clavata D. o, Dactylogyrus paradoxus Cr. b, C Ligula digramma Cr. a, Cp Achtheres percarum Nm. b. pl.

In ruhigen Gewässern in der Tiefe. Ostsee; in Norddeutschland in Flüssen und Seen von der Elbe ab ostwärts; **D** Donau, Ammersee, Attersee, Traunsee, Seekirchner See; **R** im Bodensee eingeführt.

4. PERCA *volgensis* P.

P. L. capite breviusculo, praeoperculi ramo ascendente prono

B 7 D_1 13—14 D_2 2/20—22 P 14—15 V 1/15 A 2/9 C 17 Sq 10/70—72/17—18.

PERCA *volgensis* Pallas Reise d. d. russ. Reich 1, 461; 1771. Lacepède poiss. 4, 263; 1802.

PERCA *asper* Pallas zoogr. rosso-as. 3, 247; 1831.

PERCIDAE. 87

Lucioperca volgensis Cuvier poiss. 2, 117; 1828. 7, 441. Nordmann ap. Demidoff voy. d. l. Russie mér. 3, 363 t. 1 f. 2; 1840. Heckel u. Kner Fische Östr. 12; 1858. Günther fish. 1, 74; 1859. Jeitteles Vh. zool.-bot. G. Wien 12, 290; 1862. Siebold Fische Mitteleur. 417; 1863.

Leib weniger gestreckt, Kopf kürzer und höher, Mundspalte enger als beim Zander. Der aufsteigende Ast des Vordeckels stark nach vorn geneigt. Rücken und Seiten grünlichgrau mit schwärzlichen Querbinden; Bauch weisslich; Rückenflossen mit schwärzlichen Längsbinden, nebst der Schwanzflosse schwärzlich gesäumt; übrige Flossen weisslich.

Nahrung: kleine Fische, besonders Gründlinge.
D March bei Marchegg.

3. S. *ACERINA* Cuvier règne anim. 2, 144; 1829.

Os terminale. Dentes aequales. Ossa capitis foveolata. Praeoperculum et operculum spinosa. Parabranchiae nullae. Pinnae dorsuales concretae; analis spinis 2. Pectus et abdomen subnuda.

Mund endständig. Zähne sammetförmig. Kopfknochen mit Gruben. Deckel und Vordeckel bedornt. Keine Nebenkiemen. Rückenflossen verwachsen. Afterflosse mit 2 Stacheln. Brust und Bauch schuppenlos.

5. PERCA *cernua* L. Kaulbars, Schroll.

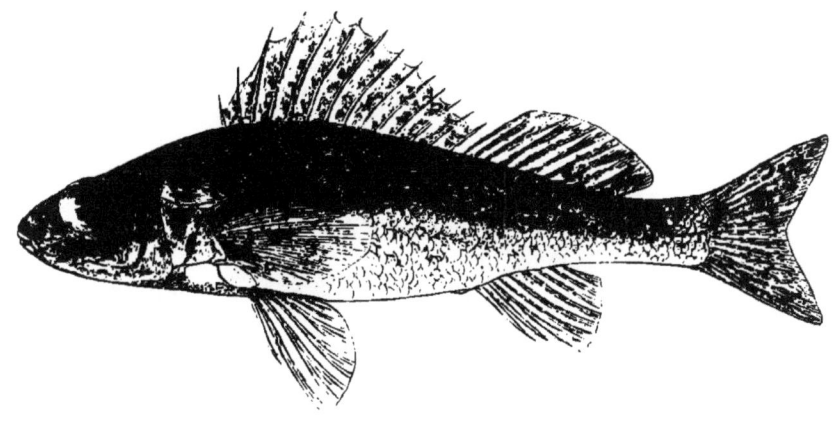

P. A. rostro obtuso, cute mucosa.
B 7 D_1 12- 14 D_2 11—14 P 13 V 1,5 A 2,5—6 C 17 Sq 6—7/37 -40, 10—12.

PERCA dorso monopterygio, capite caverncso. Artedi g. pisc. 40 n. 4. syn. pisc. 68 n. 4. sp. pisc. 80; 1738.

PERCIS 1. Klein pisc. 5, 40 t. 8 f. 1. 2; 1749.

PERCA *cernua* Linné f. succ. 117; 1761. syst. nat. 487; 1766. Bloch Fische Deutschl. 2, 97 t. 53 f. 2; 1784. Meidinger pisc. austr., t. 3; 1785.

HOLOCENTRUS *post* Lacepède poiss. 4, 357; 1802.

ACERINA *vulgaris* Cuvier poiss. 3, 4 t. 41; 1829. 7, 448. Günther Fische d. Neckars 14; 1853. Heckel u. Kner Fische Östr. 19; 1858.

ACERINA *cernua* Günther fish. 1, 72; 1859. Siebold Fische Mitteleur. 58; 1863. Benecke Fische Preuss. 65; 1881.

14—20 cm. Leib gedrungen. Kopf dick; Schnauze stumpf, gewölbt. Augen gross. An den Kopfseiten grosse schleimgefüllte Gruben. Vordeckel fein gezähnt, mit einigen stärkeren Dornen; Deckel hinten unten mit starkem Stachel. Haut sehr schleimig. An Brust und Bauch schuppenlose Stellen. Gelbgrünlich; Rücken dunkler; Rücken und Seiten schwarz punktirt; Bauch weiss. Rücken- und Schwanzflosse grünlichgelb mit 4—5 schwärzlichen Punktreihen; übrige Flossen gelblich.

Laichzeit März bis Mai. 50—100000 gelblichweisse 0,8—1 mm grosse Eier auf Kiesgrund, an Steinen oder Pflanzen.

Nahrung: junge Fische, Fischlaich, Würmer, Arthropoden.

Schmarotzer: N Ascaris acerinae Lw., truncatula R., Cucullanus elegans Z i. o, Agamonema bicolor D. pt, acerinae Lw., E Echinorynchus globulosus R i, angustatus R. i, proteus W. i, T Distomum nodulosum Z. i, globiporum R. i, embryo Olf. i. h, Diplostomum volvens Nm. o, Tylodelphys clavata D. o, Tetracotyle echinata D. pt, ovata Lw. pt, Dactylogyrus amphibothrus Wg. b, C Taenia ocellata R. i, Triaenophorus nodulosus R. i.

In Seen und Flüssen in der Tiefe. Verbreitet.

6. PERCA *schraetser* L. Schrätzer.

P. A. rostro producto.

B 7 D$_1$ 18—19 D$_2$ 12—13 P 13—14 V 1/5 A 2/6—7 C 17 Sq 7—8 60—70.13 -14.

PERCA dorso monopterygio, lineis utrinque longitudinalibus nigris. Artedi g. pisc. 40 n. 5. syn. pisc. 68 n. 5; 1738.

PERCA *s.* Linné syst. nat. 487; 1766. Meidinger pisc. austr., t. 2; 1785.

HOLOCENTRUS *s.* Lacepède poiss. 4, 347; 1802.

PERCIDAE.

ACERINA s. Cuvier poiss. 3, 13; 1829. Heckel u. Kner Fische Östr. 22; 1858. Günther fish. 1, 73: 1859. Siebold Fische Mitteleur. 60; 1863.

17—25 cm. Leib gestreckt. Schnauze verlängert. Citrongelb mit 3—4 schwärzlichen Längslinien an den Seiten. Zwischen den Strahlen der 1. Rückenflosse dunkle Fleckenreihen. Flossen gelblich. Laichzeit April, Mai.

Schmarotzer: N Ascaris dentata R. i, E Echinorynchus proteus W. i.

In der Donau und ihren Nebenflüssen, am Grunde.

4. S. *EPITRACHYS*[1]) Schulze pisc. germ. 73; 1890.

Os terminale; dentes aequales; praeoperculum denticulatum; operculum spina 1; parabranchiae; pinnae dorsuales discretae; analis spinis 2.

Mund endständig; Bürstenzähne; Vordeckel gezähnelt; Deckel mit 1 Dorne; Nebenkiemen vorhanden; Rückenflossen getrennt; Afterflosse mit 2 Stacheln.

7. PERCA *fluviatilis* L. Bars.

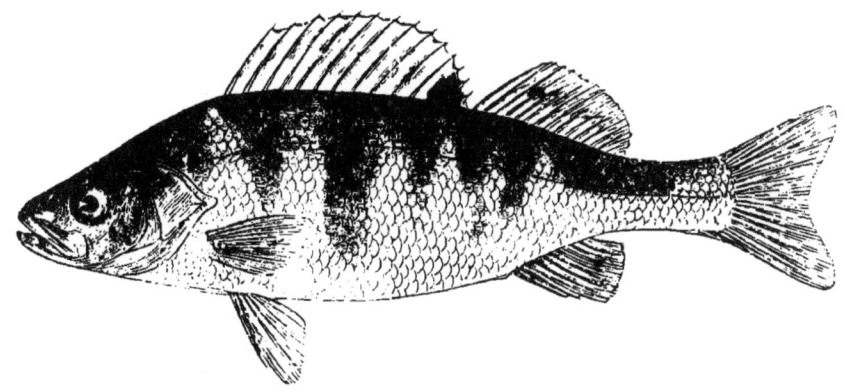

P. E. gibba, squamis scabris.

B 7 D$_1$ 13—15 D$_2$ 1/14—15 P 14 V 1/5 A 2/8—9 C 17 Sq 7—9/60—68/13—15.

P. lineis utrinque 6 transversis nigris, pinnis ventralibus rubris. Artedi g. pisc. 39 n. 1. syn. pisc. 66. sp. pisc. 74; 1738.

P. 1. Klein pisc. 5, 36 t. 7 f. 2; 1749.

1) ἐπίτραχυς mit rauher Oberfläche, barsch.

P. *f.* Linné f. suec. 116; 1761. syst. nat. 481; 1766. Bloch Fische Deutschl. 2, 87 t. 52; 1784. Meidinger pisc. austr., t. 5; 1785. Lacepède poiss. 4, 399; 1802. Cuvier poiss. 2, 20 t. 1—8; 1828. Günther Fische d. Neckars 10; 1853. Heckel u. Kner Fische Östr. 3; 1858. Günther fish. 1, 58; 1859. Siebold Fische Mitteleur. 44; 1863. Benecke Fische Preuss. 61; 1881.

20—35 cm. Leib mässig zusammengedrückt. Vorderrücken am höchsten. Schuppen rauh, hart, festsitzend. Seiten messinggelb oder gelblichgrün, meist mit 5—9 schwärzlichen Querbinden; Rücken schwarzgrün; Bauch weiss. 1. Rückenflosse grauviolet, am hinteren Ende mit schwarzem Augenflecke; 2. Rückenflosse graugelb; Brust-, Bauch- und Afterflosse gelbrötlich bis zinnoberrot; Schwanzflosse grünlich, rötlich angelaufen.

Laichzeit April, Mai. 2—300000 Eier von 2—2,5 mm Durchmesser mit dicker doppelter Eihaut, in Form eines 3 cm weiten, 1—2 m langen, netzartig durchbrochenen Schlauches zusammenhängend auf Steinen oder an Wasserpflanzen.

Nahrung: Würmer, Crustaceen, Insekten, Schnecken, Amphibien, Fischeier, kleine Fische.

Schmarotzer: N Ascaris truncatula R. i. h. m, Cucullanus elegans Z. i. v. o, Agamonema bicolor D. pt, E Echinorynchus proteus W. i, tuberosus Z. i, angustatus R. i, clavaeceps Z. i, T Distomum globiporum R. i, appendiculatum R. i, nodulosum Z. i, musculorum percae Wdb m, annuligerum Nm. o, Diplostomum volvens Nm. o, Gastrostomum fimbriatum Sb. i, Tylodelphys clavata D. o, Tetracotyle percae Moul. pt, Dactylogyrus tenuis D. b, 'auriculatus D., Tetraonchus unguiculatus D. b, C Taenia ocellata R. i, filicollis R, Ligula digramma Cr. a, Triacnophorus nodulosus R., Bothriocephalus infundibuliformis R., latus L., Cyathocephalus truncatus P. pyl., Cysticercus taeniae gracilis Lw. i, Cp Achtheres percarum Nm. b. pl, Argulus foliaceus L. c.

In Flüssen und Seen; allgemein verbreitet.

Aal 8.
Abramis C. 41.
　alburnus N. 36.
　argyreus V. 42.
　ballerus V. 44.
　bipunctatus G. 38.
　blicca Ag. 46.
　brama Ag. 41.
　dobuloides G. 13*.
　elongatus V. 43.
　erythropterus V. 46.
　melanops H. 43.
　microlepidotus V. 42.
　micropteryx V. 46.
　sapa Ndm. 45.
　vetula V. 42.
　vimba V. 43.
Acanthopteri 79.
Acerina C. 87.
　cernua G. 88.
　schraetser C. 89.
　vulgaris C. 88.
Acipenser A. 5.
　sturio L. 5.
　1. Kl. 6.
Acipesidae 5.
Aesche 12.
Aitel 57.
Aland 60.
Alandbleke 37.
Alburnus H. 36.
　bipunctatus H. 37.
　breviceps H. 36.
　lucidus H. 36.
　mento H. 38.
Alosa
　finta Y. 10.
　vulgaris V. 10.
Alse 10.
Ammocoetes
　branchialis Dum. 2.
Anacanthi 74.
Anguilla C. 7.
　eurystoma H. 8.
　fluviatilis Ag. 8.
　vulgaris Fl. 8.
Äsche 12.

Asperulus
　1. Kl. 85.
Aspius Ag. 39.
　fasciatus Ndm. 37.
　mento Pty. 38.
　owsianka Cz. 35.
　rapax Ag. 39.
Aspro C. 84.
　streber Sb. 84.
　vulgaris H. 84.
　zingel C. 85.

Barbe 67.
Barbus C. 67.
　fluviatilis Ag. 67.
　petenyi H. 68.
　vulgaris Fl. 67.
Bars 89.
Bartgrundel 31.
Bisgurre 32.
Bitterling 48.
Blaufelchen 15.
Blei 41.
Blicca
　argyroleuca H. 46.
　björkna Sb. 46.
　laskyr H. 46.
Blicke 46.
Bodenrenke 16.
Brachse 41.
Brama
　1. Kl. 41.
　4. Kl. 46.
　5. Kl. 50.
　6. Kl. 52.

Carassius
　gibelio N. 71.
　moles H. 71.
　oblongus H. 71.
　vulgaris N. 71.
Centriscus
　2. Kl. 80.
　4. Kl. 79.
Centropomus
　sandat Cp. 86.

Chondrostoma Ag. 50.
　genei Bp. 51.
　nasus Ag. 50.
Clupea A. 10.
　alosa L. 10.
　finta C. 10.
　rufa Cp. 10.
Clupeidae 10.
Cobitis A. 30.
　barbatula L. 31.
　elongata H. 30.
　fossilis L. 32.
　taenia L. 30.
Conger
　G. Kl. 8.
Coregonus A. 14.
　acronius R. 16.
　albula Cp. 14.
　fera J. 16.
　generosus Pt. 17.
　hiemalis J. 15.
　lavaretus Cp. 16.
　lavaretus V. 15.
　macrophthalmus Nüssl. 15.
　maraena Cp. 16.
　maraenula Cp. 14.
　oxyrrhynchus V. 18.
　palea V. 15.
　reisingeri V. 15.
　steindachneri Nüssl. 15.
　sulzeri Nüssl. 15.
　thymallus Cp. 12.
　wartmanni Cp. 15.
Cottidae 82.
Cottus A. 82.
　ferrugineus H. 83.
　gobio L. 82.
　microstomus H. 83.
　poecilopus H. 83.
Cyclostomi 1.
Cyprinidae 30.
Cyprinus A. 69.
　acuminatus H. 70.
　alburnus L. 36.
　amarus Bl. 48.
　aphya Bl. 35.

REGISTER.

Cyprinus A.
  aphya Htm. 55.
  aphya Leske 48.
  aphya L. 54.
  aspius L. 39.
  ballerus L. 44.
  ballerus Mdg. 46.
  barbus L. 67.
  björkna L. 46.
  bipunctatus Bl. 37.
  blicca Bl. 46.
  brama L. 41.
  carassius L. 70.
  carinatus P. 43.
  carpio L. 69.
  cephalus L. 58.
  coriaceus Cp. 69.
  cultratus L. 34.
  dobula Bl. 56.
  clatus V. 69.
  erythrophthalmus L. 59.
  farenus L. 41.
  gibelio Bl. 71.
  gobio L. 65.
  grislagine L. 58.
  grislagine Mdg. 63.
  hungaricus H. 69.
  idbarus Mdg. 61.
  idus Bl. 58.
  idus L. 61.
  idus Mdg. 63.
  jeses L. 61.
  laskyr P. 46.
  latus Cp. 46.
  leuciscus L. 56.
  moles V. 71.
  morella Leske 37.
  nasus L. 50.
  nordmanni V. 70.
  nudus Bl. 69.
  orfus L. 61.
  phoxinus L. 51.
  plestya Leske 46.
  rapax Leske 39.
  regina V. 69.
  rivularis P. 51.
  rutilus L. 62.
  sapa P. 45.
  specularis Cp. 69.
  spirlin Cp. 37.
  tinca L. 52.
  uranoscopus Ag. 66.
  vimba L. 43.
  zerta Leske 43.
  1. 2. Kl. 69.
  4. Kl. 71.

Dipterodon
  asper Cp. 84.

Dipterodon
  zingel Cp. 85.
  Döbel 57.

Edelmaräne 17.
Ehritze 54.
Enchelyopus
  1. 2. Kl. 32.
  3. Kl. 31.
  4. Kl. 30.
  5. Kl. 65.
  13. Kl. 77.
Epitomynis Sz. 25.
Epitrachys Sz. 89.
Esocidae 28.
Esox A. 28.
  lucius L. 28.

Fario
  argenteus V. 23.
  lemanus V. 23.
  marsiglii H. 23.
Finte 10.
Fische 1.
Flunder 75.
Forelle 21.
Frauennerfling 63.

Gadidae 77.
Gadus
  lota L. 77.
Gängling 60.
Ganoides 5.
Gareisel 70.
Gastrosteidae 79.
Gastrosteus A. 79.
  aculeatus L. 80.
  brachycentrus C. 81.
  gymnurus C. 80.
  leiurus C. 81.
  pungitius L. 79.
  teraculeatus Cp. 80.
  trachurus C. 80.
Gobio C. 65.
  fluviatilis Ag. 65.
  obtusirostris V. 65.
  uranoscopus Ag. 66.
  vulgaris H. 65.
Gressling 65.
Groppe 82.
Gründling 65.
Güster 46.

Harengus
  6. Kl. 10.
Hasel 56.
Häsling 56.
Hecht 28.

Holocentrus
  post Cp. 88.
  schractser Cp. 88.
Huch 25.

Idus H. 60.
  melanotus H. 61.
  miniatus H. 61.

Karausche 70.
Karpfe 69.
Kaulbars 87.
Kaulkopf 82.
Kilch 15.
Knochenfische 7.
Kropffelchen 15.

Lachs 24.
Lamprete 4.
Laube 36.
Leucaspius H. 35.
  abruptus H. 35.
  delineatus Sb. 35.
Leuciscus Kl. 54.
  agassizii V. 55.
  albiensis V. 58.
  alburnus V. 36.
  aphya Ag. 55.
  argenteus Ag. 56.
  aspius V. 39.
  baldneri V. 37.
  bipunctatus V. 37.
  blicca V. 46.
  cephalus Kr. 57.
  cultratus V. 34.
  dobula V. 58.
  erythrophthalmus V. 59.
  frigidus V. 58.
  genei Bp. 51.
  gobio G. 65.
  idus V. 60.
  jeses V. 61.
  meidingeri H. 63.
  mento V. 38.
  muticellus Bp. 55.
  orphus V. 61.
  pausingeri H. 62.
  phoxinus V. 51.
  rodens Ag. 56.
  rostratus V. 56.
  rutilus Ag. 62.
  sapa V. 45.
  squalius V. 58.
  symphalicus V. 35.
  tinca G. 52.
  virgo H. 63.
  vulgaris V. 56.
  1. Kl. 39.
  3. Kl. 43.
  4. Kl. 61.

REGISTER. 93

Leuciscus 5. Kl. 56.
 6. Kl. 43. 50.
 9. Kl. 62.
 14. Kl. 54.
 16. Kl. 36.
Liparus 64.
Lota C. 77.
 vulgaris C. 77.
Lucioperca C. 85.
 sandra C. 86.
 volgensis C. 87.
Lucius
 1. Kl. 28.
 2. 3. Kl. 34.

Maifisch 10.
Mairenke 38.
Maräne 16.
 kleine 14.
Misgurnus
 fossilis Cp. 33.
Moderlieschen 35.
Muraena
 anguilla L. 8.
Muraenidae 7.
Mystus
 1. Kl. 67.

Nase 50.
Nemachilus
 barbatulus G. 31.
Nerfling 60.
Neunauge 2.

Osmerus A. 19.
 eperlanus Cp. 19.
 spirinchus P. 19.
Owsianka
 czernayi Dub. 35.

Passer
 1. Kl. 75.
Pelecys Ag. 34.
 cultratus Ag. 34.
Perca A. 84.
 asper L. 84.
 asper P. 86.
 cernua L. 87.
 fluviatilis L. 89.
 lucioperca L. 85.
 schraetser L. 88.
 volgensis P. 86.
 zingel L. 85.
 1. Kl. 89.
 2. Kl. 86.
Percidae 84.
Percis
 1. Kl. 88.
 17. Kl. 82.
Perllisch 63.

Perpel 10.
Petromyzon A. 1.
 branchialis L. 2.
 fluviatilis L. 3.
 lamproie Cp. 4.
 lamproyon Cp. 2.
 marinus L. 4.
 niger Cp. 2.
 planeri Bl. 2.
 pricka Cp. 3.
 sanguisuga Cp. 2.
 septoeuil Cp. 2.
 1. 2. Kl. 3.
 3. Kl. 4.
 4. Kl. 2.
Petromyzontidae 1.
Pfrille 54.
Phoxinus Ag. 54.
 laevis Ag. 54.
Physostomi 7.
Pisces 1.
Platessa
 flesus Sb. 75.
Pleinze 44.
Pleuronectes A. 74.
 flesus L. 75.
Pleuronectidae 74.
Plötze 62.
Pricke 3.
Pseudobarbus
 leonhardi Bz. 68.

Quappe 77.
Querder 2.

Rapfe 39.
Renke 15.
Rex cyprinorum Bl. 69.
Rheinanken 23.
Rhodeus Ag. 48.
 amarus Ag. 48.
Rotauge 62.
Rotfeder 59.
Rundmäuler 1.
Rutte 77.

Saibling 26.
Salar
 ausonii V. 21.
 lacustris H. 23.
 schiffermülleri V. 23.
Salm 24.
Salmo A. 21.
 albula L. 14.
 alpinus Bl. 21.
 alpinus L. 26.
 eperlano-marinus Bl. 19.
 eperlanus L. 19.
 fario L. 21.
 goedenii Bl. 23.

Salmo A.
 hamatus C. 24.
 hucho L. 25.
 illanken Cp. 23.
 lacustris L. 23.
 lavaretus Bl. 18.
 lavaretus L. 16.
 lavaretus Mdg. 15.
 maraena Bl. 16.
 maraenula Bl. 14.
 marsilii G. 23.
 oxyrrhynchus L. 18.
 punctatus C. 21.
 rappii G. 23.
 salar L. 24.
 salmo V. 24.
 salvelinus L. 26.
 schiefermülleri Bl. 23.
 thymallus L. 12.
 thymallus latus Bl. 18.
 trutta Cp. 21.
 trutta L. 22.
 trutta-salar Cp. 23.
 umbla L. 26.
 wartmanni Bl. 15.
Salmonidae 12.
Sandfelchen 16.
Scardinius Bp. 59.
 dergle H. 59.
 erythrophthalmus Bp. 59.
 macrophthalmus H. 59.
 plotizza H. 59.
 scardafa H. 59.
Schaid 72.
Schied 39.
Schiedling 38.
Schill 85.
Schlammpeizger 32.
Schleihe 52.
Schmelzschupper 5.
Schmerle 31.
Schnäpel 18.
Schneider 37.
Schrätzer 88.
Schroll 87.
Seeforelle 22.
Semling 68.
Sichling 34.
Siluridae 72.
Silurus A. 72.
 glanis L. 72.
 1. Kl. 72.
Squalius Bp. 56.
 cephalus H. 58.
 chalybaeus H. 57.
 delineatus H. 35.
 dobula H. 58.
 lepusculus H. 57.
 leuciscus H. 57.

Squalius Bp.
  rodens H. 57.
  rostratus H. 57.
Stachelflosser 79.
Stäm 58.
Steinpeizger 30.
Stichling 80.
Stint 19.
Stör 5.
Streber 84.
Strömer 55.

Telcostei 7.
Telestes Bp. 55.
  agassizii H. 55.
  aphya Bp. 55.
Thymallus C. 12.

Thymallus
  gymnothorax V. 13.
  vexillifer Ag. 12.
  vulgaris N. 12.
Tinca C. 52.
  chrysitis Ag. 52.
  vulgaris V. 52.
Trutta Kl. 21.
  fario Sb. 21.
  lacustris Sb. 23.
  salar Sb. 24.
  trutta Sb. 23.
  1. Kl. 22.
  2. Kl. 24.
  3. Kl. 26.
  9. Kl. 21.
  11. 12. Kl. 19.
  13. Kl. 16.

Trutta
  14. Kl. 18.
  15. Kl. 12.
  16. Kl. 14.

Ükelei 36.

Waller 72.
Weichflosser 74.
Wels 72.

Zander 85.
Zärte 43.
Ziege 31.
Zingel 85.
Zope 44.
Zwergstichling 79.